1万人のリーダーが悩んでいること

浅井浩一

ダイヤモンド社

はじめに

1万人のリーダーは「同じこと」に悩んでいた

悩みのないリーダーはいません。

もっといえば、リーダーの悩みは尽きることがありません。

リーダーの日常とは、次々にやってくるトラブルや難問と格闘することといっても過言ではないでしょう。

私も読者のみなさんと同じように、会社勤めで悩みを抱えながら、現場のマネジメントを行ってきました。

忘れられない出来事があります。

今から24年前、経験も実績もない状態で、私は突然リーダーを任されました。

「よろしくお願いします」と、歓迎会の席で緊張しながらも笑顔であいさつをする私に対し、こんな言葉が返ってきました。

「いったい、何をお願いされるんですかね？」

年上の部下からでした。

あきらかに嫌そうな表情で、そのひと言からは「お前のようなド素人の若造になめられてたまるか」という空気がひしひしと伝わってきました。

孤立無援、前途多難――。

そんな逆風の中から、私のリーダー人生は始まりました。

それでも、自分にできることを懸命にやり、困ったときは部下に頼り、正直に弱い部分をさらけ出し、必死に汗を流していると、だんだんとメンバーたちの態度にも変化が表れました。「この頼りない上司を助けてやろう」と思って、がんばってくれるようになったのです。

最終的には、31支店中25位より上位の成績をとったことのない、野球でいう万年Bクラスの支店を2年連続で日本一に導くことができました。

こうしたサラリーマン時代の経験を活かし、２００1年から、日本最高峰のビジネスクール「経営アカデミー」（公益財団法人 日本生産性本部）で、多くのリーダーたちの育成に携わってきました。

企業、業界団体、自治体などからの依頼で年間100回以上の研修や講演を行い、コンサルタントとしても現場に入り込み、リーダーのみなさまとともに考え、行動し、悩みの解決を図ってきました。セミナーやコンサルティングを通して指導したリーダーの数は1万人を超えます。


「浅井さんのおかげで、リーダーとしてやるべきことが明確になりました」と温かい声をいただく一方、悩みを解消できないリーダーからは、新米ベテランを問わず、日々多くのリアルな相談が寄せられています。

リーダーが抱える悩みに直接アプローチしたい。

その思いが結実したのが本書『1万人のリーダーが悩んでいること』です。

本書では、1万人を超えるリーダーたちから寄せられた悩みの中から、50を厳選。ひとつひとつの悩みに対し、私なりの「答え」を示しました。

「悩み」の原因は、たったひとつ

リーダーが抱えるあらゆる悩み。その根本には、**「会社から求められる業績に対するプレッシャー」**があります。

もし会社が「業績なんてどうでもいいよ。売上を上げようが上げまいが、君の評価には関係ない。楽しくやりなさい」と言ってくれたら、どんなにラクでしょう。しかし、リーダーは常に業績に縛られています。

どんなリーダーも、任されたチームと自分自身について、「あるべき姿」と「現実」とのギャップに苦しんでいるのです。

ところが、実際に1万を超える「リーダーの悩み」に目を通してみると、「業績に対するプレッシャーに耐えられない！」というストレートな声は極めて稀です。

悩みのほとんどは「部下とのコミュニケーション」に関するものばかり。

なぜなのでしょうか。

1万人の悩みの大半は「部下とのコミュニケーション」

何回同じことを言っても動いてくれない。
能力が低い。成長意欲がない。
そのくせ反抗的な態度ばかりとる。

業績を上げることが、リーダーの大切な仕事にもかかわらず、リーダーの悩みの大半が「部下に関するもの」なのは、なぜか。
それは**「会社から求められる業績」は、リーダーひとりでつくるのではなく、部下とともにつくり出すもの**だからです。

「リーダーひとりががんばる」では何も解決しない。
部下にがんばってもらって、チームとしての業績を上げるしかない。
でもウチのチームの部下は、なかなか業績を上げてくれない。
このように「会社から求められる業績に対するプレッシャー」が「部下とのコミュ

ニケーションに関する悩み」に転換されているのが、「1万人のリーダーが抱えている悩み」に見られる大きな傾向といえます。

言い換えれば、リーダーの「悩み」の大半は、**「会社から求められる業績を上げられない部下に対する悩み」**なのです。

上司（会社）は業績を上げれば黙る。しかし部下は？

もちろん、部下に対する悩みばかりではありません。

1万人のリーダーのほとんどはミドルマネジメント層、いわゆる中間管理職です。

リーダーが課長であれば、上司である部長に対する悩みも寄せられます。

ただ、「上司に対する悩み」は総じて、業績を上げれば解決するものがほとんど。

あなた（あなたが率いるチーム）が業績を上げ続けているのであれば、大した問題になりません。「業績」を献上することで、上司を納得させることができます。

会社の業績が厳しくなればなるほど、業績を上げてくれる人材は大切です。

しかし、あなたの部下には、その理屈は通用しません。

部下を業績で黙らせる、というわけにはいかないのです。

なぜなら「業績」とは、リーダーひとりでつくるのではなく、部下とともにつくり出すものだからです。

一方で、部下全員と仲良くすることが、必ずしも業績アップにつながるかどうかはわかりません。

「仲良しグループだけれど成果は出ていない」。これではチームが機能しているとはいえませんし、リーダーの仕事をしているともいえません。

つまり、リーダーが絞るべき焦点は**「部下とのコミュニケーション」そのものではなく、チームとしての「業績」**。その業績を出すのに必要なマネジメントを機能させることができれば、悩みは自然と解消されていきます。

部下を辞めさせず、病ませず、そして目標を達成するために

ただし、気をつけていただきたいことがあります。

私はここまで何度も、業績、業績と言い続けてきました。リーダーが抱える悩みの根本は「会社から求められる業績に対するプレッシャー」ですから、そのプレッシャーを解消するには「業績を出すためのマネジメント能力」を身につければいい、

というのがひとつの真実ではあります。

ただ一方で、「数字」「お金」を追うだけでは立ちゆかなくなっているのも実情です。「業績を上げました。でも毎月、部下が辞めていきます」ではやはり、リーダー失格なのです。

だからこそ今、**リーダーは「業績」という言葉の定義を広げる必要があります。**

「売上」を上げるだけでは不十分。これからのリーダーに求められる「業績」とは、「部下を辞めさせず、病ませず、やりがいをもってともに働き、目標を達成し続けること」なのです。

では、そのために何をすればいいか。

1万人のリーダーから寄せられた悩みを紐ときながら、私は**「これからのリーダーがすべき5つのこと」**を考えてみました。

リーダーの悩みは数多くあれど、この5つさえできていれば、必ず解決できることがわかったのです。

①部下を見守る

部下を「業績を上げるための道具」と見るのではなく、ともに働く「仲間」として、ひとりの人間として、誠実な関心を持ち、成長を支援できているか

②自身を磨く

部下に頼り、甘えるだけではなく、リーダーとして、日々の仕事に打ち込み、汗をかき、努力・成長しているか

③チームをつくる

「結果さえ出せばいい」とばかりに、みなが思い思いに仕事をするのではなく、相手を思い、助け合えるチームになっているか

④結果を出す

結果に一喜一憂するのではなく、結果につながる行動（プロセス）を正しく認識し、実行できているか

⑤組織を変える

「どうせうちの会社はダメだ」と諦めるのではなく、知恵を絞り、周囲を巻き込み、会社に堂々と働きかけているか

本書は、リーダーが抱える「悩み」をこの5つの視点に基づき分類し、「業績を出すためのマネジメント」を効果的に機能させる方法・考え方を明確に記しました。

収入がどんどん上がっていっても、家族がばらばらで、冷たい空気がまん延する家庭を誰も望みません。それと同じように、利益を出していても、働く人が病み、辞めていく。そんな会社は決していい組織とはいえません。

離職率を抑え、メンタルを病む人をゼロにし、なおかつ目標を継続的に達成し続ける組織をつくる。

決して夢物語ではありません。事実、私はコンサルタントとしてありとあらゆる規模・業種の会社組織の変革に携わり、会社のみなさんとともに考え成果を出してきました。あなたも確実にできるようになります。

本書を通じて、少しでもあなたのお力になれれば、著者として、これ以上の幸せはありません。

第1章　部下を見守る

第2章

自身を磨く

第3章

チームをつくる

第4章

結果を出す

第5章

組織を変える

第1章

部下を見守る

部下を「業績を上げるための道具」と見るのではなく、
ともに働く「仲間」として、ひとりの人間として、
誠実な関心を持ち、成長を支援できているか

01

「部下を守る」とはどういうことですか？
私は「守られた」経験がないので、
イメージできません。

「部下を守る」と聞くと、情にあふれた熱血上司が「部下の責任は私の責任です。今日のところはどうか、私に免じてお許しください」と平謝りする姿をイメージするかもしれませんね。

しかし現実には、その対応で事態が好転することは稀です。

相手の怒りの矛先を「部下」から「上司」に向けさせたところで、問題の根本解決にはならないからです。

「部下を守る」とはどういうことでしょうか。私は「部下個人」の問題を**「会社組織全体」で受け止めること**だと考えています。具体的には次の３つに集約されます。

①部下が起こした問題を最小限に食い止める
②相手の感情の矛先を「部下個人」ではなく「会社組織全体」に向ける
③部下が問題を起こしにくい環境をつくる

部下が起こした大失態。そのときリーダーは？

ある食品メーカーで、「営業マンが取引先の重要な書類を紛失する」という大事件が起きました。書類には、取引先やそのライバル会社の売上実績や取引商品の推移などが詳細に記されています。情報が流出してしまったら大変なことになります。

彼は紛失に気づくとすぐ、リーダーに一報を入れました。リーダーも即座に取引先へ出向き、謝罪と事情説明を行うとともに、部下の全営業マンに連絡。自分の仕事をいったん止め、紛失した書類探しに全力を注ぐよう指示しました。

書類を紛失したメンバーの報告が早かったおかげで、リーダーは「部下が起こした問題を最小限に食い止める」「相手の感情の矛先を『部下個人』ではなく『会社組織全体』に向けさせる」という、部下を守るための手立ての2つを迅速に打つことができたのです。

取引先の責任者は、「紛失」という重大な過失を包み隠さず、リーダー自ら報告して謝罪し、全社員総出で探しているという**誠実な対応に、怒るどころか感激**したといいます。取引先の責任者は自社の社員にも、書類探しを手伝うよう命じました。

書類は無事に見つかりました。その後は「雨降って地固まる」。食品メーカーと取引先との信頼関係は、それまで以上に強固なものになっていきました。

「部下を守る」手立ての最後は、「部下が問題を起こしにくい環境をつくる」。食品メーカーは再発防止策を講じました。

社外に持ち出してよい書類と持ち出してはいけない書類を明確に分ける。書類を持ち出す場合には「持ち出し簿」に日付や時間と氏名を記入し、管理体制を整える。そして万が一、紛失したら、今回のように速やかに上司に報告する。上司は正直に報告してきた部下を糾弾しない。

こうして「部下が問題を起こしにくい環境」をつくった食品メーカーでは、この一件の後、書類を紛失するような事件は起きていません。

トラブルは必ず起きる。だからこそ！

どんなにモチベーション高く仕事をしていても、どんなに気をつけて仕事をしていても、問題は必ず起きます。仕事は人間が行うものであり、こちらの事情だけでなく相手の事情も関わってくるからです。

しかし、問題が小さいうちに①～③の手を打ち、対処することができれば、部下を厳しい立場に追い込まずにすみます。

迅速に手を打つために大切なこと。それは、正直に問題を報告する姿勢です。

先ほどの事例で「部下が正直に報告しなかった場合」を考えれば、その大切さがよくわかります。「書類を紛失した」という事実を知らなければ、上司も手の打ちようがありません。すべての対応が後手後手に回り、取引先に謝罪に出向いても「なぜ今まで隠していたんですか」と追及を受けるでしょう。出入り禁止や取引停止といった重大な問題にもなりかねません。

ただ、仮に部下が正直に報告してきても、①〜③の手が迅速に打てないケースがあります。

リーダー自身が正直でない場合です。

リーダーの「正直さ」が部下を守る

部下の報告を受けても、上司が「そうか……ちょっとまだ、上には黙っておこう。自分たちだけで探してみよう」という姿勢では、結局対応が遅れます。これは「部下を守る」のとはまったく逆の行動です。

リーダーがふだんから、起こった問題について早め早めに上司に報告し、大事になる前に対処する姿勢を示していれば、部下も「問題は早めに報告したほうがいいんだ」と学びます。それがひいては、部下自身を守る行動へとつながっていきます。

部下を守るための行動は、文言にすればとてもシンプルなものです。

しかし実行に移すのは難しい。

実行するためにはまず、**リーダー自身が常に、問題やトラブルに対して正直であることが求められる**からです。

あなたは「正直な姿勢」を部下に見せることができていますか。

部下を守るための第一歩は、リーダーであるあなたが「正直」であることから始まります。

そして、あなたの正直さが、あなた自身の身も守ってくれます。

02

「こんなことになる前に
早く相談に来てくれよ」と思うことが
多々あります。
自分は相談されやすい上司を
目指していますが、
なかなか難しいと感じます。

「相談」を巡る上司と部下のすれ違い

リーダー研修で受講者に「部下に対して、『こんな状態になる前に早く相談してくれよ……』と感じることはありますか？」と聞くと、ほとんどのリーダーが「はい」と答えます。

早めに相談してくれる部下もいるが、そのような部下は相談がいらないくらい優秀な人。本当に相談に来てほしい人はまったく来てくれない……というのが多くのリーダーの悩みです。ならば、と私は質問を変えて受講者に問います。

「みなさん自身は、自分の不出来をさらけだして、上司に早め早めに相談できていますか？」

するとほとんどのリーダーが、自分自身も上司への相談がタイムリーにできていないことに気づきます。相談を巡る上司と部下のすれ違いは、それくらい根深い問題なのです。

「相談しにくいオーラ」の6パターン

部下から上司への相談が遅れがちになる理由は、次の6つに大別されます。

①忙しそうにしている上司の手を煩《わずら》わせたくない
②以前相談したとき、上司の反応が冷たかった。パソコンを見たまま顔もあげず、低い声で「何?」と言われた。それがトラウマとなり相談できない
③ふがいなさをさらけ出すことによって「この部下は大したことがない。無能だ」と思われ、評価が下がるのが怖い
④1対1で上司と話すこと自体がプレッシャー。叱られそうなことなんて、とても言えない
⑤自分なりに挽回しようと奮闘したけれど、カバーし切れなくなって相談。もしくは、自分で抱え込んで深追いしすぎて相談が遅れる
⑥上司自身が常に、「リーダーは優秀でなければならない」というふうに振る舞っていて、部下もそう感じている。だから弱みをさらけ出せない

いかがでしょうか。心当たりはありませんか？

これらのケースを見てわかるように、リーダーが「相談しづらいオーラ」を放っているがために、部下からの相談が遅れるケースが多々あります。

どうすれば「相談しづらいオーラ」を消すことができるのでしょうか。

「ありのまま」を受け入れる

前述の6パターンにあるように、「相談しづらいオーラ」の原因のひとつは、リーダー自身が「優秀でなければならない」と肩肘を張り、「いいリーダー」であろうとしていることにあります。そのために**部下はリーダーに対して「ふがいなさをさらけ出すと無能だと思われそう」「自分も弱みをさらけ出すまい」と感じる**のです。

また、「リーダー自身が上司への相談をタイムリーにできていない」原因も、同じところにありそうです。

まずはリーダーが、ありのままの自分を受け入れましょう。

悩ましい状況に陥っている自分を「今、自分にできるベストを尽くしている」と認める。心理学では**「自己受容」**と呼ばれる行為です。

すると、他人のいい面も悪い面もすべて含めて「これはこれでいい」と認めることができるようになります。こちらは**「他者受容」**と呼ばれます。

「自己受容」ができるようになると、いい面も悪い面も、ありのままを受け入れる心の容量が増え、「他者受容」につながるのです。「他者受容」ができるようになれば、「なんでこんなこともできないんだ」と他人に対して怒る気持ちも和らぎ、「相談しづらいオーラ」もだんだんと薄くなります。

「相談されるのが大好きな上司」を演じる

とはいえ、「自己受容」「他者受容」ができるようになるには時間がかかります。そこで、より即効性のある「相談しづらいオーラ」の消し方もご紹介しましょう。

その方法とは、「この上司は、部下に相談されることが何よりも好きなんだ」と思わせること。部下が勇気を出して相談に来てくれたとき、まるで「お客さま」が来たかのように明るく、温かく接してみるのです。

「相談！　俺なんかでいいのか！　いやぁありがとう嬉しいなぁ。まぁまぁ座ってくれ。お茶飲むか？　コーヒーのほうがいいか？」

私はこのように嬉々として部下を迎え、相談ごとに耳を傾けていました。自分の意見は後回しで、部下の話を最後まで聞き切ります。

部下は、最初は呆気にとられながらも「あぁ、この人は部下に相談されたくて仕方がないんだ」と思ってくれるはずです。

はじめのうちは、多少オーバーな演技でも構いません。「この上司は、部下に相談されることが何よりも好きなんだ」と錯覚させることが最大の目的なのですから。

オーバーアクションが苦手な人は、**仕事の手を止めて部下に正対し、「相談に来てくれてありがとう」とひと言添えるだけでも効果抜群**です。

あなたも上司に相談に行ったとき、「相談に来てくれてありがとう」と言われたら、ほっとしませんか。

さらにいえば、相談に対して「正解を答えよう」と力む必要はありません。相談ごとを一緒に考えるだけでも十分です。すると部下自らが考えて解決する力をつけることにもなり、成長につながります。

自分を認め、他人を認める。「部下から相談されるのが大好きなんだ」と思わせる。この二段構えで仕事をしていると、いつしか部下からの相談が増えてきます。

03

責任感を持ち、日々成長しようとしている部下がいる半面、何も考えず、ただその日の仕事をこなすだけの部下がいます。どう指導すべきでしょうか？

言われた仕事をこなす「責任感」を認める

「言われた仕事しかやらない」「目先の仕事ばかりに追われ、将来を考えて仕事をしているように見えない」。このような相談をリーダーたちからよく受けます。

私はそのたびに、「言われた仕事を的確にこなしてくれるなんて、責任感のある素晴らしい部下ですね！」とお答えしています。

日々の仕事にプラスして、将来のことを考えて努力するのは、実は相当に高度な働き方です。

リーダーであるあなたはどうでしょう。やはり部下と同じように、「目の前の仕事をこなすことで精いっぱい」ではないでしょうか。

リーダー自らができないような高度なことを、部下に求めてはいけません。部下に望むのならば、まずはリーダーが率先して「将来、自分たちの会社・チームをどのようにしていきたいか」「そのためにどんなリーダーになりたいか」「そこでどんな努力をするか」を宣言する必要があります。

私はこれを「リーダー宣言」と呼んでいます。

リーダー自らが「成長意欲」を示す

リーダー宣言とは、「自分自身」と「チーム」についてどのような変革を起こし、何を目指すのかを書面にまとめたものです。

たとえば、ある会社の課長は就任直後、「リーダーとしてこのような姿になる」という目標を、次のように宣言しました。

【目指す姿】

メンバー全員が「きっかけがあれば必ず成長できる」という強い信念を持ち、市場での戦いに勝つために考えたことを確実に実行できるチームをつくる。自身も組織をマネジメントする力を磨く。

【アクションプラン】

①メンバーの成長を促すため、月1回、面談を行い、ひとりひとりの成長レベルを確認する。

②成長のために、「ああしろ、こうしろ」と指示を出すだけでなく、自らが率先して具体的な活動のあるべき姿を明確にメンバーに示す。あるべき姿にたどり着かないメンバーには、妥協なく、確実に行動に移せるまで伴走する。

多少粗くても、文章として整っていなくても構いません。大切なのは**「目標に向かって努力する姿を自ら率先して示す」**ことです。

最初は冷ややかな目で見るメンバーもいるかもしれません。しかし【目指す姿】に向けて努力する姿を示し続ければ、リーダーの本気度や覚悟をくみとり、「よし、自分も」と奮起してくれるメンバーがひとり、ふたりと増えていきます。

あなた自らが「成長意欲」を前面に出し、部下に「自分はこうなりたい」と考えさせるきっかけをつくってあげてください。

04

いわゆる「ゆとり世代」の
指導に悩んでいます。
無気力・無関心・無感動という
印象を持っています。
指導のポイントをお教えください。

最近感動したことを教えてください

「無気力・無関心・無感動」。これは何も、ゆとり世代に限った話ではありません。「最近の若いもんは無気力・無関心・無感動だ」と嘆いているリーダーに、「**あなた自身は今、どんなことに関心がありますか？**　最近、感動したことを教えてくださ い」と尋ねたことがあります。答えは出てきませんでした。

さらに「じゃあ、小さなことでも構いませんから、夢を語ってください」と投げかけても、「夢かぁ……」と遠くを見るばかりで、黙ってしまいます。

あなたはどうでしょうか。さっと答えることができますか。

ではそもそも、なぜ人は「無気力・無関心・無感動」になってしまうのでしょうか。

ビジネススクールの合宿の懇親会で、製薬会社のマネージャーがそのヒントを教えてくれました。

「5人の部下に単純作業をお願いしたときのことです。同じ作業でも、それぞれやり方が微妙に違うことがわかりました。違いを見つけ、なぜそのやり方で作業しているのかと聞いてみました。すると理由があり、その人なりの工夫があるんです。聞かれた部下は嬉しそうな表情で、その理由を話してくれました。『こんな細かいことに気づいてもらえて、嬉しいです』という言葉が忘れられません」

人には、人から承認してもらいたいという強い願望があります。

がんばっても見てもらえない。ほめてもらえない。お礼もない。頼りにされている実感がない。考えを問いかけられることもなく、言われたことをロボットのように淡々とこなすだけ。

こうした積み重ねが、人を「無気力・無関心・無感動」に向かわせているのではないでしょうか。

「成長のきっかけ」はリーダーがつくる

部下に「好きなこと」を語らせたことをきっかけに、仕事のパフォーマンスが見違えるように変わった事例があります。

ある営業所長は、仕事に対して無気力に見える部下を抱えていました。「彼はもうダメかもしれない」。半ば諦めに近い感情を持っていたそうです。

ひょんなことから、その部下が恐竜好きだと知った営業所長は、営業に同行した帰り道、恐竜の話題を振ってみました。部下の表情は一気に明るくなり、アメリカの恐竜博物館に行ったときにどれだけ感動したか、太古の世界にはどれだけのロマンがあふれているかを嬉々として話し出しました。部下の嬉しそうな表情を初めて見て、営業所長も心が晴れやかになりました。「恐竜の世界は面白いね。その面白さをもっと教えて」と、営業所長は部下に伝えました。

この会話をきっかけに、部下の仕事ぶりは少しずつ変わっていきました。営業所長とのコミュニケーションが活発になり、「この仕事をやってみたいです」と積極的にアピールするようになったのです。

人は「無気力・無関心・無感動」になりきれるものではありません。

あなたのひと言が、部下を変えるきっかけになります。

05

部下を比較してしまいます。平等に接するにはどうすればいいでしょうか？

比較してもいい。問題は「比べ方」

部下はそれぞれ、働きの量も質も違います。リーダーとして部下を評価する際は、どうしても比較して優劣をつけざるを得ません。むしろ**全員に平等な評価を下すほうが不自然**であり、部下同士を比べること自体には何の問題もありません。

問題は「比べ方」です。

もちろん性格や容姿など、リーダーの好みで優劣をつけるのはご法度です。比べる基準は、「働き」という事実。「仕事として求めるものができているか、できていないか」が、会社において唯一「フェア」な比較です。リーダーは「働き」による厳粛な評価を目指すべきです。

ある警備会社の営業所では、人事評価として「SS」「S」「A」「B」「C」の5段階評価を設けていました。しかし実際には、不祥事でも起こさない限り「C評価」をつけられる社員はいませんでした。

全員が甘い評価をされ続けたのだから、社員たちのモチベーションは高かったかといえば、決してそうではありませんでした。

所長はただ、やるべきことができていない社員には目をつぶって厳しく指導せず、甘い評価をつけていただけ。仕事のできる社員は当然、面白くありません。**がんばってもがんばらなくても評価は大差なし。**職場にはがんばろうという意欲がなくなっていました。

「厳粛な評価」こそ成長を生む

そんなとき、新しい所長が就任しました。

彼は、やるべきことができているかどうかという「事実ベース」で部下を厳格に評価し、「SS」「S」「A」「B」「C」の5段階をつけました。

一方で、彼は毎日、社員、パートの区別なく「おはようございます」「疲れてない?」と声をかけて回りました。相談ごとには相手が誰であろうが真剣に話を聞き、困っているときはわけ隔てなく助けました。

2年後、その営業所はどうなったか。

どんなに厳しく査定しても「B評価」「C評価」の人間がいなくなるまでに、働く人たちが育ったのです。

厳粛な評価が下されることで、評価のいいメンバーは「これからもがんばろう」と奮起し、評価の悪いメンバーは「自分の何が足りないかが明確になり、しっかりとがんばれば自分も評価してもらえるんだ。だからがんばろう」と奮起する。メンバー全員のモチベーションが高まり、評価の悪かったメンバーは着々と必要なスキルを身につけていく。その歩みが、チーム全体の成長へとつながったのでした。

「好き嫌い」や「相性」といった、リーダーの偏った視点で比較せず、求められる「働き」という事実で評価する。

事実をもとに公平に評価し、ともに働く仲間としては、毎日ひとりひとりにわけ隔てなく平等にあいさつや声かけを行うのです。

繰り返しますが、「平等」に評価する必要はありません。

公平、かつ厳粛に部下を「比較」してください。 それがリーダーであるあなたの大切な仕事です。

06

苦手な部下がいます。
個人的な好き嫌いがあり、
それをなくすことは
できないと感じています。
「苦手な人の長所」を見つける方法を
教えてください。

誰にでも「馬が合わない人」はいるものです。

その中で、苦手な部下の得意なことや長所を見つけたいと考えているあなたは、素晴らしいリーダーです。

ただ、振り返っていただきたいことがあります。

「馬の合う部下」と「合わない部下」、双方と関わる回数は同じでしょうか。

馬の合う部下とは頻繁にコミュニケーションをとるが、馬の合わない部下との関わりは避けている。

そのようなことはないでしょうか。

「接触回数」に濃淡はないか

ある広告会社の課長は、管理職研修で「人を育てるには、その人の得意なことや長所を伸ばしてあげましょう」と学びました。

しかしいざ、その教えを実践しようとしたところ、「得意なこと」や「長所」がわかる部下とわからない部下がいることに気づきました。

「得意なこと」や「長所」がわからない部下こそ、まさに馬が合わない部下だったのです。課長は「馬の合う」「合わない」がそのまま「人を育てる」「育てない」に直結してしまっている事実に愕然としました。

「得意なこと」や「長所」がわからない理由は明らかでした。そもそもの接触回数が少なかったのです。

「馬が合わない部下」との関わりを増やす

課長が勤めている会社では人材育成の一環として、月に1回以上、部下の営業に同行することが求められていました。自分の同行記録を見ると、馬が合う部下の営業には月に5~6回同行しているのに、馬が合わない部下の営業では「義務」である月1回の同行にとどまっていることに気づきました。

また、馬が合う部下の観察記録には「クライアントとの関係強化がうまい」「ニーズをよく引き出せている」といったメモ書きが並んでいるのに対し、**馬が合わない部下の観察記録はほぼ真っ白。日ごろから、関心を持って注意深く見てこなかった**のです。これでは「得意なこと」や「長所」が見つからないのも無理はありません。

課長は心を入れ替え、営業同行の回数を全員同一にすることにしました。

そして、馬の合わない部下の営業に同行したときは、**今まで以上に部下の行動を注意深く観察**し、記録に残すことにしました。

はじめのうちは、馬の合わない部下の営業同行はどことなくぎこちなかったのですが、だんだんと必要なコミュニケーションがとり合えるようになりました。次第に「得意なこと」や「長所」も見え始め、今後はそれを伸ばしてあげようと、課長は奮闘中です。

まずは、馬の合わない部下との関わりを増やす。

ここから始めてはどうでしょう。

07

部下を指導するとき、「ここが間違っている」と否定しがちです。「否定しない」コツはありますか?

「否定」するのは仕方がない

「指導」とは「部下が現在行っていることを修正し、正しい方向へ導く」ことですから、「部下を否定する」という事実からは逃れられません。身につけるべきは「相手を否定しないコツ」ではなく、「的確に否定するコツ」です。

「的確に否定するコツ」は「事実ベース」で伝えることです。

「お前はダメだ」ではなく、「相手に一生懸命提案をしているのはわかるんだけど、横で聞いていると君の提案は自社の都合ばかりを話している。相手のオーナーのニーズをまったく聞けていない。まずは相手のニーズを聞いて、それに合わせて提案してみよう」というように、具体的に「事実」を示し、修正を求めるのです。

部下自身も、自分のやっていることについて「どのような理由でうまくいっていないのか」がわかれば、行動を改めやすくなります。

部下の行為が明らかに間違っている場合は、訂正しやすいでしょう。しかし仕事は複雑なもの。

部下の言い分に一理あることも多いのです。

「自分は間違っていない」と主張する部下

ある製薬メーカーでは、他社との競合優位性を確保するために、「月300万円以上の売上があるドラッグストアには、月8回訪問しなさい」というルールがありました。多くの部下はこのルールを守っていましたが、ある部下は月に4回しか訪問していません。

ここで「お前はなぜ4回しか訪問していないんだ！　もっと訪問しろ」と頭ごなしに叱っては、部下は心を閉ざしてしまいます。まずは「なぜ月4回しか訪問していないんだ？」と、**「事実」を確認**します。

すると部下は、次のように答えました。

「『8回』という回数だけを稼ごうと思ったら、いくらでも稼げます。でもそれは、会社のルールを守るためだけの行動でしかない。私はより効率のよい営業を目指しているのです。

私は新商品の提案だけではなく、納入しているすべての商品で何が売れていて何が売れていないのかをチェックし、既存商品の入れ替えも同時に行っています。新たな提案をして相手から『よし、そのお話に乗りましょう』という返事をいただいたとき、『じゃあ来週持ってきます』という話をすれば、訪店回数は1回多くなります。しかし1週分、その商品を売る機会を損失することになります。だから私はあらかじめ、相手からいい返事をいただいたときのために、提案する商品の在庫を持って営業に伺い、すぐに補充できる準備を整えているのです。

言わせていただければ、私は訪問2回分、3回分の仕事を1回で行っているのです。営業の質は、訪問10回分くらいのものを保てていると自負しています」

部下の側からも、「事実」をもとに「訪店は月4回にとどまっているが、こちらにも理がある」という説明があったのです。

上司はこの言い分に納得。この部下については「月4回」という訪問回数を認めることにしました。

「事実」をベースにすり合わせれば、相手を真っ向から否定せずにすみますし、**対応も柔軟にできる**のです。

伝書鳩になってはいけない

上司の役割は、経営陣から下りてきた目標を部下に伝えるだけの伝書鳩ではありません。「8回」という目標をただ吠えているだけでは、自分の頭で考えて、より効率的に相手のニーズに応えようとする優秀な部下を潰すことになります。

上司はまず、「8回」という目標の裏にある**経営陣の意図を知る必要があります。**「なぜ8回なのか」を確認するのです。そうでなければ、部下の側から「4回でもいいじゃないですか」と言われたときに、対等に議論ができません。

同時に部下に対しても、「8回なんて無理ですよ」で終わらせるのではなく、「なぜ8回が無理なのか」を「事実ベース」で説明させる必要があります。部下の側にも説明責任があるのです。

ここまで議論を固めておけば、たとえ他の社員から「あいつだけ月4回の訪問でOKなんてずるい」という声があがったときにも、ごまかさずに対応できます。

「あいつは月4回の訪問だが、1回あたりの訪問時間は他のみんなの3~4倍。その時間でこれだけの質の営業をしている。このやり方を選びたい人は選びなさい」と、部下の働き方に幅を持たせることができるのです。部下は自分の選んだ働き方で、納得して働くことができます。

仕事の自由度を高められる

「事実ベース」ですり合わせるというと、堅苦しさを感じる人もいるかもしれません。ですが、先ほどの例のように仕事の自由度を高めることができます。

一度すり合わせておけば、次期以降、この部下については「月4回の訪問」をベースに目標を設定できます。毎期「目標は月8回だ」「いや、私は月4回で結果を出している。月4回でOKにしてくれ」という同じやりとりをしなくてすみ、その時間を生産的な活動に使うことができます。

08

受け身になっている部下の
指導方法について。
あれこれ試しているのですが、
「言われたことだけをやる」状態が
続いています。

「庭の手入れ」で見つけた部下育成のコツ

今から数十年前、友人が私にしてくれた話が忘れられません。

彼の話は「庭の手入れの手伝いを嫌がる息子に、いかに手伝ってもらうか」というテーマだったのですが、その話の中に、仕事にも使える「部下育成のコツ」が詰まっていたのです。

彼は息子のケンタくんに手伝ってもらうため、作戦を練りに練り、ケンタくんにこんなふうに声をかけました。

「庭木の消毒を早めにしておかないと、毛虫がつくんだ。毛虫に刺されたらかぶれてしまって大変だ。それは避けたい。お父さんはあの背の高い木を消毒するから、ケンタは背の低いこの木とこの木をよろしく頼む。いつの週末だったら時間がとれるかな？　わかった、それまでに消毒液や手袋といった必要なものを準備しておくよ」

そして消毒は無事終了。友人は息子に感謝を伝えました。

「ありがとう。お父さんひとりで消毒するのは大変だから、手伝ってくれて助かった。秋に消毒するときも、背の低い木はケンタがやってくれ。頼むな。これはがんばったご褒美だ。好きな物を買って」とお礼の気持ちで3000円を手渡した。

この一連のやりとりには、次の5つのステップがあります。

①やる理由を伝える
②役割分担を決める
③やることに向け、準備をする
④相手の都合のよい日時に合わせる
⑤感謝の意と、次回に向けての期待を伝え、報酬を与える

「なんでいつまでたっても手伝わないんだ！」「いいから手伝いなさい！」と叱っているうちは、自発性を引き出すのは難しい。相手も嫌々やらされるだけです。しかしさきほどの5つのステップを踏めば、息子は「背の低い木の消毒は自分の仕事」という使命感を持つようになります。

仕事でも同じです。部下は、ひと言声をかけるだけで自発性を持って行動してくれるほど単純ではありません。

「行動しないから」とどんどん口出しをすれば、嫌々ながらでもやるようにはなるかもしれません。それはあくまでも「言われたからやる」のであって、「自らやる必要を感じ、動く」わけではありません。だから新しいことをやってもらうためには、また改めて口出しをしなければならないという悪循環に陥ってしまいます。

ならば「部下に口を出しても、自分事として動いてもらうのは簡単ではない」という前提に立ち、**どうしたら「自分事」として動いてくれるかに知恵を注ぐ**ほうが建設的です。

とある会社の攻防戦

ある飲料のオペレーション会社では、上司が「自動販売機をきれいに掃除しろ。常に清潔な状態を保て」といくら注意してものれんに腕押しで、掃除をサボり続ける部下がいました。「掃除はしたのか？」と確認しても「しました」と生返事。「でも昨日見たら汚かったぞ」と追及しても「あそこはすぐ汚れちゃうんですよね」とのらりくらりかわします。

「何かいい知恵はないかなぁ……」。上司はある行動に出ました。自動販売機を拭く専用の洗浄液を入れた容器。レバーを引いて、スプレー状に洗浄液を吹き出すことから、社内では「シュッシュ」と呼んでいます。

上司は、その部下が営業に出かける前、さりげなく営業車を片付ける手伝いをしながら、「あれ? シュッシュはどこ?」と聞いたのです。

自動販売機なんて何年も掃除していないその部下は、さすがに慌てて探し始め、トランクの奥からようやく見つけた「シュッシュ」は、中身の洗浄液がからっぽ。

「やっぱり掃除なんてしていなかったじゃないか! いつから空なんだ!」と叱りもせず、じーっとその容器を見つめる上司に、部下は「これはまずい」と思ったようです。「そうだ、昨日空になったんだ。すぐに入れてきます」と見え透いた言い訳をして洗浄液を満タンにしました。

話はここで終わりません。部下は洗浄液を詰めただけで、自動販売機の掃除をしなかったのです。部下もなかなか、ずぶとい神経の持ち主です。

もちろん上司も、そんなことはお見通し。翌日も「シュッシュは？」とキラーパスを出し、洗浄液が一滴も減っていないことを確認。またじーっと容器を見つめ、そして目線を部下に移し、叱ることもなく部下の目を見つめました。

部下もさすがに、観念したのでしょう。ついに自動販売機の掃除をし始めました。

ときには「いたずら心」も働かせる

重い一歩を踏み出した部下を上司は思いっきりほめました。「よく自分から自動販売機を掃除した！　偉いぞ！」。たしかに今回、上司は「自動販売機を掃除しろ」とはひと言も言っていません。**「自発的に動かざるを得ない状況」に追い込んだ**だけです。しかし曲がりなりにも「自発的」に動いたことをほめられて、部下も嬉しかったのでしょう。この一件以来、その部下は自動販売機の掃除を習慣にするようになったといいます。

「行動しないから」と口出しをしても、人は自発的に動きません。あなたなりの「いたずら心」で部下の自発性を刺激してあげてください。

09

部下には充実感を味わってほしいので、
「君はどうやっていきたい？
私にどうしてほしい？」と
いつも聞くのですが、
ほとんど返答がありません。

あえて「一般論」に置き換える

リーダーが「俺にどうしてほしいんだ。さあ、言ってくれ」と呼びかけたところで、部下の側も答えづらいでしょう。「自分たちはこのようなことを期待しているのに、あなたはそれができていない。だから私たちは働きづらい。もっとしっかりやってください」と、上司に指摘できる部下はいません。

部下がどのようなリーダーを望み、どのような働き方を望んでいるのかを知るには、話を「一般論」に置き換えて聞いてみましょう。

「俺にどうしてほしいんだ」と尋ねるのではなく、**「リーダーに必要なものは何なのだろう」というテーマでディスカッションする場をつくる**のです。

質問03で紹介した「リーダー宣言」。

これは、リーダーになった者が「将来、自分たちの会社・チームをどのようにしていきたいか」「そこでどんなリーダーになりたいか」「そのためにどんな努力をするか」を部下に宣言したものでした。

今回のケースはいわば、「将来のリーダー宣言を考える場」。自分たちが将来、リーダーとしてチームをリードするためには、どのようなスキルを身につけたらいいのだろうか。どのような姿勢でいるべきなのだろうか。それらを自由に話し合ってもらいます。

すると不思議なことに、メンバーから**「(今のリーダーはこうだけど)自分ならばこうする」という意見がたくさん出てきます**。「今のリーダーはこうだけど」と、部下は口には出しません。出しませんが、リーダーが聞けば「ああ、そうだよな……」と、まるで足りないものを突きつけられているような、正直な意見がどんどんと出てくるのです。

「課長研修」を見学した部長が落ち込む理由

私が講師として会社を訪問し、会議室で課長研修をしていると、たまに部長が見学に訪れます。はじめのうちは「おっ。やっているな」と授業参観に来た親のような顔をしているのですが、だんだんその顔が曇ってきます。

「言うことがコロコロ変わらない部長になりたい」「親身になって部下の相談に乗れ

る部長になりたい」という課長たちの理想を聞くごとに「ああ、自分は言うことがココロコロ変わる部長なのか……」「自分は今、親身になって部下の相談に乗れていないのか……」と実感するからです。

課長研修の後、誰よりも真摯《しんし》に「勉強になりました」と私に話してくれるのは、実は見学していた部長だったりします。

これと同じことをあえて、「リーダー」と「メンバー」の関係の中でやってみようというのが、「将来のリーダー宣言を考える場」というわけです。

部下が自分に求めているものがわかれば、それに応えることで、必然的に「部下が仕事をしやすい環境」が整っていきます。

10

若手のモチベーションアップについてお聞きしたいです。
彼らが何を考えているのかわかりません。
どうすれば彼らの気分を乗せられるのでしょうか？

ある精神科医が「人の気持ちなんて簡単にはわからない、という前提に立つことが円満な人間関係の秘訣」と教えてくれました。

そもそも会社は、育った場所も年齢も違う気心の知れない人間同士が「利益を追求する」という共通の目的を持って集まる場所。その中で上下関係をつくりながら働くわけですから、お互いの気持ちが見えなくなってしまうのは仕方がありません。

電気機器メーカーに勤めている、部下のやる気を引き出すのが上手な課長が、こんなことを言っていました。

「もしも私が与えたヒントで部下が新しいアイデアを思いついても、あたかもゼロから彼が思いついたかのように振る舞っています。『いいアイデアじゃないか。素晴らしい。そのアイデアを実行に移すにはどうしたらいいか教えてくれないか』と問えば、彼は喜び勇んで、どう実現させるかを考え始めます。人は自分が思いついたことには、誰かに指図されたこと以上に一生懸命になれるんですよね」

まさにこれが、若手のモチベーションアップにおけるコツです。上司が部下にヒントを与える。そのうち**3%でも部下が手を加えたなら、それを「部下が生んだアイデア」として振る舞う**のです。すると部下は「自分で考えたことだから、実現に向けてがんばろう」というモチベーションを持って働きます。

上司は「きっかけ」を与えるだけでいい

ある飲料自動販売機の販売会社では、若手営業マンが悩んでいました。自社の自動販売機を設置してもらおうと個人店の店主のもとを50回以上訪れ、商談しているのですが、設置してもらえない状態が続いていたのです。

その店主はいわゆる「頑固おやじ」。いくら提案しても「機械に頼ってまで商売をする気はない」の一点張り。ついに営業マンは、営業所長に泣きつきました。同行を頼み、改めて店主を訪ねたのです。営業マンはまた提案しますが、店主はとりつく島もなく「帰ってくれ」と突き放します。

そこで営業所長が切り出しました。「店主さん、この自動販売機は『機械』ではありません。お店がシャッターを下ろした後でも大切なお客さまに対応してくれる『店主さんの分身』なんです」

店主が黙りました。営業マンが続けます。「そう、『分身』なんです。私たちも雨上がりの朝には、『寒かったか？　がんばってくれてありがとうな』と声をかけながら拭いているんですよ」

「そうか、自分の代わりに大切なお客さまのために働いてくれる俺の分身か」

そう言った後、店主の私たちを見る目つきが、穏やかなものに変わりました。そこからはトントン拍子。その日のうちに設置の契約にこぎ着けました。

帰りの車中、所長は営業マンをねぎらいます。「あの、雨上がりの朝に自動販売機を拭きながら声をかける話はよかったな。あの話で店主の反応がガラッと変わったよ」

営業マンはびっくりして返します。「いやっ、だってあの話は、所長が切り出したものじゃないですか。ぼくは乗っかっただけですよ」

「そうかな。でも店主が穏やかな目つきに変わったのは、確実に君が話していたときだよ。君の熱意が通じたんだ」。営業マンは、これまでに通い続けた3年の月日を思い、涙しました。

部下のやる気を引き出す「きっかけ」づくりの名人を目指してください。あなたのひと言で、**「自分が成し遂げた仕事だ」と思わせてあげましょう。**

11

部下のマイナス部分ばかりが目に入り、
つい指摘してしまいます。
ほめる部分の見つけ方、
さりげない伝え方について
ご指導ください。

「仕事」ではなく「人間性」に着目する

部下に対して「早く成長してほしい」と願う気持ちが強ければ強いほど、ついマイナス部分ばかりが目についてしまうものです。

ふだんからマイナス部分を指摘する「減点方式」が身についてしまっているリーダーに、プラス部分をほめる「加点方式」に切り替えましょう、といきなり提案しても、実行に移すのは難しいでしょう。

さて、あなたはどれくらい部下をほめていますか？

ある営業課長は、「部下をほめるのは難しい。だから私は、ほじくり出してでもほめるところがないかを探しています」と話してくれました。意気込みは素晴らしいのですが、嫌でもマイナス部分が目に入ってくる中で、「プラス部分はないか……」と血眼になって部下の行動を観察するのは、それはそれでつらいものがあります。

そこで、部下の「ほめる部分」を簡単に見つける方法をご紹介します。

「仕事」ではなく「人間性」に着目するのです。

「毎日、定時の10分前にはしっかり出社しているね」「会社を出る前に必ず、机の上をきれいにしているね」「さっき、床に落ちていたゴミを拾ってくれたね」など、部下の人間性にまつわる行動に着目すれば、ほめる部分は必ず見つかります。

「マイナス部分が多く目に入る」状態では、業績も目標に達していないことがほとんど。企画書や提案書にも粗《あら》が多く、取引先への営業提案もままならない……そのような状況で、**無理やり「仕事」に直結するいいところを捻出しようとしても、どこかに嘘が入ります。**ならばいっそ「仕事」から離れ、部下という「人間」をまるごとほめるのです。

「タイムリー」かつ「事実に基づいて」ほめる

リーダーが直接、部下の行動を逐一観察していなくても、メンバーから「あいつはいいことをしていた」という情報が入ってくることがあります。

「応接室の時計が遅れていて誰も気づかなかったのに、あいつは気づいて電池を入れ替えていましたよ」「突如、オフィスに大きな蜘蛛が出たのですが、あいつが率先して事に当たり、外に逃がしていましたよ」

こんな話が耳に入ってきたら、ほめるチャンスです。即座にほめましょう。

ほめ方のコツは、「タイムリー」かつ「事実に基づいて」ほめること。

「タイムリー」とは、直接見た場合は「見た瞬間」、人づてに話を聞いた場合は「話を聞いてすぐ」を指します。「２週間前、オフィスのゴミを拾ってくれていたね」では遅すぎますし、「先週、『よく応接室の時計の電池を替えてくれた』ってあいつがほめていたよ」でも遅すぎます。

人間として「いいこと」をした瞬間に、その「いいこと」をほめる。これを積み重ねていけば、さりげなく部下をほめる習慣が身についてきます。

12

課長という立場になったとき、
部下の仕事内容を
どこまで把握しておくべきでしょうか？
そのポイントを教えてください。

あなたが持つべき視点は２つ。「危機管理」と「人材育成」です。

「危機管理」の観点で押さえる

まずは「危機管理」の観点から見ていきましょう。

大切なのは「仕分け」です。最初に「放っておいても大丈夫な部下」と「放っておいたら大変なことになる部下」を仕分け、そのうえで「放っておいたら大変なことになる部下」が抱えている仕事を「放っておいてもかすり傷程度ですむ仕事」と「放っておいたら致命傷になる仕事」に仕分けます。

この「放っておいたら大変なことになる部下」が抱えている「放っておいたら致命傷になる仕事」のみをしっかり把握しておけば、それでよいのです。

「致命傷」とは、「重要なクライアントを失ってしまう行為」を指します。具体的には、納期遅れや、一度引き受けた仕事を返上するなどが当たります。

「放っておいたら大変なことになる部下」のことですから、きっと思うように業績を上げられないメンバーでしょう。そのようなメンバーは、目の前の受注ほしさに、クライアントからの要求を丸呑みして引き受けてしまうことがよくあります。

納期も予算も、会社に確認をせずに二つ返事で引き受け、契約をとりつけた後で開発部門に「こんな納期じゃできないよ！」と怒鳴られる。それでも契約してしまったから、間に合わせるために全部隊をその仕事に投じる。そのため、儲けるどころか大赤字。しかも案の定、納期には間に合わず、クライアントには「うちの開発部門がふがいなくて……」と詫びる。これでは、クライアントとの関係も社内の関係もぐちゃぐちゃになってしまいます。

上司の役割は、そのような事態に陥らないようにリスクヘッジすることです。

「かすり傷」は成長のために必要ですが、「致命傷」を負って死んでしまっては、成長も何もありません。

チームの中で「致命傷」を負うリスクのある仕事はありますか。そこだけは外さないように管理し、「ケガをしないコツ」を部下にレクチャーしてあげてください。

「人材育成」の観点で押さえる

続いて「人材育成」の観点でも見ていきます。

期首の目標面談などでは、「今期、成果をあげるためには、前期に足りなかった部分に力を入れなければならない。何に力を入れる？」と重点を絞るはずです。

リーダーが「人材育成」の観点で把握しておきたいのがまさにその部分。**「部下が今期、何に力を入れてがんばろうとしているか」**です。ここさえ押さえておけば、大きく外すことはありません。

次のようなフォーマットをつくってまとめておくと、整理しやすくなります。

①　成長を促したい部下の名前
②　今期、その部下に特に力を入れて行動してもらいたいこと
③　②に向けて「行動できていること」「できていないこと」を、把握している事実をもとに記す

この情報が整理できているリーダーは、「部下が思うようにがんばれていないとき」にタイムリーに、かつ効果的なコミュニケーションがとれています。

「危機管理」と「人材育成」の両面から、最低限押さえておかなければいけないことだけを外さずに把握しておけば、あなたの負担もグッと減ります。

13

自身の目先の成果ばかり強調し、
失敗は隠そうとする
若手が多いように感じます。
彼らを変えるには
どうすればいいのでしょうか？

「成果を強調する部下」をなぜ疎んじるのか

部下は会社や上司から「成果を出すこと」を求められています。

リーダーであるあなたも同じはずです。

がんばって出した成果を強調したくなるのは、人間の自然な感情ではないでしょうか。失敗したら隠したくなるのも同じです。

部下が「100の成果を出しました！」と喜び勇んでやってきたら、疎んじるのではなく「よく100の成果を出したな！」と一緒に喜んであげてください。そして、**どのような仕事の進め方をしたら100の成果を出せたのかを「インタビュー」する**のです。

「すごいな。どうやって100の成果を出せたのか教えてくれないか。何の苦労もなく、何の失敗もなく、簡単にこの成果が出たわけではないだろう？　君が苦労した点、工夫した点を教えてほしいんだ。結果だけでなく、結果を出すに至ったプロセスも知りたい。期末に目いっぱい評価したいしね！」

こう聞けば、部下は嬉々として語ってくれることでしょう。モチベーションはさらに高まりますし、部下にとっては「成功したプロセスの再確認」にもなります。仮にもし、部下が成功までの道のりを整理して語れなかったとしても、それは「結果を出すためのプロセス」をもう一度考えさせるいい機会になります。

「成功者インタビュー」は、部下育成のチャンスの宝庫なのです。

失敗した部下の「チャレンジ精神」をほめる

一方、失敗したら叱られますし、評価にも影響してきます。失敗を隠したがるのもまた、自然な感情です。何も不思議がることではありません。

ただ、失敗を隠されてしまうと、挽回するための手立てが速やかに打てなくなります。失敗は正直にどんどん報告してもらえるような風土をつくるのがリーダー共通の理想でしょう。

そこで今度は「失敗者インタビュー」を敢行します。

正直に失敗を報告してくれた部下に敬意を払い、**失敗の裏にはどんなチャレンジがあったかを教えてもらう**のです。

「俺はな、『失敗しない人』って、絶対成功するような無難なことしかやっていない人だと思うんだ。でも、現状にしがみついていたら会社は生き残れないよな。同業他社はどんどん新しいものを生み出しているし。だから今回の君のチャレンジは意義のあることだと思っている。そのチャレンジの裏にどんな工夫があって、その結果を見て何を学んで、次はどんなチャレンジをしたいのか教えてくれないか」

こうしていろいろな部下に失敗を語らせることで、だんだん「失敗は恥ずかしいことではない」という風土が醸成されていきます。

第2章

自身を磨く

部下に頼り、甘えるだけではなく、
リーダーとして、
日々の仕事に打ち込み、汗をかき、努力・成長しているか

14

説教するのが苦手です。

私自身、説教されるのが嫌なので
「こんなことを言われたくないだろうな」

という意識が働きます。

どうすればいいのでしょうか？

「説教できなければリーダーに向いていない」なんてことはありません。むしろ**説教好きな人のほうが要注意**です。

ある会社が私を講師に招き、日本各地の支店長を集めてリーダー研修を行うことになりました。冒頭、研修の意図を説明しようと壇上に立った重役は、前から2列目に座っている四国支店長を見た途端、烈火のごとく叱責し始めました。

「君は4カ月前に大きなミスをして私に叱られたはずなのに、先日また同じミスをしたね。何を考えているんだ。どの面《つら》を下げてこの場に来ているんだ」

叱責は10分間続きました。その間、四国支店長はひと言も言葉を発することはありませんでした。

重役が下がり、研修が始まります。しかし同僚の面前でこっぴどく叱責された四国支店長は研修どころではなく、黙ってうつむいたままです。私は彼の様子を気にかけながら研修を続けました。やがて休憩時間になり一息つくと、四国支店長は仲間の支店長たちに慰められながら、ぽつりぽつりと語り始めました。

「ミスを繰り返したのはたしかに悪い。でもうちの支店は人員を減らされて業務が増え、全員休日返上で働いているうえに毎日夜遅くまで残業が続き、ギリギリの状態だった。今日の研修で重役に会えるのを機に、現場の窮状を直接訴え、ミスを防ぐための根本的な手立てを考えてもらおうと思っていた。その矢先にあの剣幕で怒鳴られては、私はもう彼と話す気力がない。現場の窮状を訴えられず、部下に申し訳ない……」

涙ながらに語る四国支店長の話を聞き、周りの支店長たちも同じく涙を流しました。そして彼らも語りました。「実はうちの支店も同じような状況なんだ。いつ、おまえのところと同じミスが出てもおかしくない……」

重役の説教は、支店長たちのモチベーションを下げたどころの話ではなく、全国の支店で起きている、まだ重役が把握していない大問題を吸い上げるチャンスさえも潰してしまったのでした。

部下のミスをあげつらい、「ごめんなさい」と言わせるのは簡単なことです。しかし、それはリーダーの仕事ではありません。考えるべきは、2度目、3度目のミスが起きないよう手を打つことです。

そのためには「目に見えている問題」の奥にある「まだ顕在化していない、根本的な問題」をつかむ必要があります。

先ほどの例でいえば、「人員を減らされて業務が増え、全員休日返上で働いているうえに毎日夜遅くまで残業が続き、ギリギリの状態だった」「ほかの支店でも同じ窮状に陥っている」という部分です。

説教するのが苦手なあなたへ

さて、説教するのが苦手なあなたには、「表面的な事実」に振り回されず、「根本的な問題」を丁寧にあぶり出す素質があります。

たとえば、「売れていない商品が店頭に放置されている」状況があるとします。説教好きなリーダーなら「売れていない商品を放置するなと言っているのに、まだ店頭にあるじゃないか！　何度言ったらわかるんだ！」とすぐ激昂するでしょう。

しかしあなたなら、「なぜ、売れていない商品が店頭に残り続けるのか」と冷静に問いを立て、「根本的な問題」を検証することができるはずです。すると、『『売れていない商品とは何か』がメンバー全員と共有できていない」など、売れていない商品が店頭に放置されている「真の原因」にたどり着けるのです。

説教が必要と思われる場面であなたがすべきことは、**問題がどこにあるのか、部下の話を聞きながら明らかにしていくこと**です。

15

優しい上司か怖い上司かでいえば、
怖い上司のほうが
部下も成長すると思っています。
私の考え方は古いのでしょうか？

「怖い上司のほうが、部下が成長する」。残念ながら、これは錯覚です。

上司が叱れば部下は100％「すみません！　行動を改めます！　がんばります」と返事をします。部下は「一時的に」改心するので、「怖い上司は、部下のよくない部分を正し、どんどん伸ばしている」と錯覚します。

しかし現実には、このような上司では部下は成長しません。**部下の改心は「一時的」なもの**であり、必ず元に戻ります。そこでまた叱られ、「一時的」に改心をする。つまり上司も部下も、同じところで堂々巡りをしているだけなのです。

ならば、優しい上司のほうが成長するのか。必ずしもそうではありません。目標未達が5年、6年と続いても上司から「いいよ、いいよ」と生ぬるく見守られるばかりでは、部下に成長しろと言うほうが難しいでしょう。

期中に厳しかった上司。期末評価の行方は……？

ある不動産会社の課長は、部下を「事実ベース」で厳しくチェックします。期首の面談で部下とともにすり合わせた今期の目標をもとに、「順調かどうか」「順調でないのなら、何がいけないのか。これからどう動けばいいか」を細かく確認し合います。

部下自身が「やる」と言ったことを本当にやっているかどうかも、期中に確認します。

客観的に見れば、彼はかなり「細かく、厳しい」上司だといえます。言い訳やごまかしも利きませんから、部下としては「怖さ」も感じているかもしれません。その証拠が、期末に行う面談。部下はみんな、自己評価で5段階のうち「1」や「2」をつけてきます。「期中、上司にあんなにも細かく指摘され続けた。きっと自分は、やるべきことができていないのだろう」というわけです。

しかし部下の自己評価に反し、その上司の評価には「3」「4」「5」が並びます。部下たちは呆気にとられます。

上司は部下に、こんな声をかけています。「期末の評価で後の祭りにならないように、期中は厳しく、細かく言ってきた。よく応えてくれたね」

部下が自ら設定した目標を達成させるためには「怖く」。

でも、行き詰まって相談に来た場面や、目標を達成できた場面では「優しく」。

彼は怖さと優しさを効果的に使い分けていたのです。

今、日本のほとんどのリーダーが、これとは「逆」のことをしています。

期中は部下が何をしていても「いいぞー」「よくがんばっているな」とおだてて

「優しい上司」ぶり、期末の評価では一転、「君、これができていなかったよね。だから評価は２」と怖い顔で事実を突きつける。部下にしてみれば「できていないならできていないって、早く言ってくれればいいのに」と感じ、不信感を抱くでしょう。

「期首」「期末」の関わり以上に重要なのが「期中」です。期首に目標を固め、期末にそれが達成できたかどうかを見るだけなら、リーダーは必要ありません。期中にいかに「優しさ」と「怖さ」を使い分けながら部下と関われるかが肝です。

もし、怖い上司を演じるなら

「怖い上司」として接するときに注意したいポイントがあります。「そう言うお前はどうなんだ」という突っ込みどころを部下に与えないことです。

自らも高い目標に向かって行動しているリーダーが「怖い上司」として接するのは効果的ですが、自分はぐうたらしているくせに部下にばかり厳しいリーダーが「怖い上司」として接しても、単に「部下に厳しく自分に甘いだけの人」という印象を与えるだけで、反発を招きます。「怖さ」を効果的に受け止めてもらうためには、自らを律し、常に自らを高める姿勢を見せ続けなければなりません。

16

プレイングマネージャーとして
忙しすぎて、
マネジメントをする時間がありません。
どのように時間をつくれば
いいのでしょうか？

プレイングマネージャーには２つの形態があります。

ひとつは、リーダーであるＡにもクライアントやノルマが課せられており、自分が常に最前線で動きつつ、Ｂ、Ｃ、Ｄのマネジメントもこなす形態。もうひとつは、ＡというリーダーがＢ、Ｃ、Ｄというメンバーが抱えるクライアントをすべて掌握する立場であり、普段は後方に待機していながら、必要とあらば「トップセールス」として最前線に出ていく形態です。

日本の会社では、前者の形態が圧倒的多数です。そのため前者に絞って、時間をつくる方法を考えてみましょう。

あなたの時間がなくなる理由

たとえば、Ｂという部下がプレイヤーとして、10という目標のうち3しか達成できていないとしましょう。

多くのリーダーは、Ｂの営業に同行して、どのような営業をしているのかをあれこれチェックしながら「今度はこうしてみよう」と指導しようとします。しかしリーダー自身にもクライアントがあり、ノルマを達成しないといけないのですから、Ｂに密着指導していては、時間がいくらあっても足りません。あなたもこのように「忙しくてマネジメントをする時間がない」という状況に陥ったのではないでしょうか。

発想を逆転させましょう。

リーダーの営業に、Bを同行させてみるのです。

「自分の土俵」で部下を育てる

自身の営業に部下を同行させれば、自分の時間を削らずに部下を育てることができます。

リーダー自身のクライアントに会う前、Bとは「今日の商談では、ここの説明をしてくれ」とあらかじめ打ち合わせをしておきます。そして上手にできたらほめ、「今度は自分の商談でも活かしてみよう」と背中を押します。**小さな成功体験を「リーダーの土俵」で積ませてあげる**のです。

部下の営業に同行しても、いかんせん「成果を出せていない部下」の仕事ですから、クライアントとどのような関係を築けているのか心配です。商談が、同行して指導するようなレベルにまで進んでいない恐れもあります。

一方、リーダー自身の商談ではクライアントとの関係も築けており、何より「商談がどこまで進んでいるか」がすべて把握できています。その中で、**部下に欠けている部分の経験を積ませてあげれば、リーダーの時間を犠牲にせずに成長を促すことができます。**部下の時間を削ることになり、負担をかけるかもしれませんが、そもそもパフォーマンスを思うように発揮できていないわけですから、大きな影響はありません。

「自分の土俵」に持ち込むもうひとつの利点は、部下育成にクライアントの協力を得られることです。

「明後日の商談には、部下のＢを同行させてもよろしいでしょうか。Ｂに商談の経験を積ませたいのです。Ｂに商品説明をさせまして、至らぬ部分は後で私が責任を持ってご説明いたします。Ｂの説明をお聞きいただき、わかりにくいところはご指摘いただけませんでしょうか」

あらかじめこのようにお願いしておけば、クライアントから部下のＢに直接指導してもらうことができます。クライアントからの直接指導は、上司からの指導より効き目があることでしょう。あなたの時間を奪われすぎることなく、部下を実戦形式で育成できる。「自分の土俵」に部下を巻き込む育成法はいいことずくめです。

17

「リーダーになりたい！」と
手をあげる若手がいません。
私たちの多忙な仕事ぶりを
見ているからだと思います。
私はどうすればいいのでしょうか？

あなたは質問の中で、「若手がリーダーになりたがらないのは、私たちの多忙な仕事を見ているからだ」と自己分析しています。

忙しく働いているのに、その姿が「あんな状態になりたくない」と思われる対象なのだと考えると、とてもやるせないですよね。

「やりたい仕事」に囲まれる忙しさは心地いいものです。しかし、「やらなければいけない仕事」に囲まれる忙しさは、苦しいもの。できれば「やりたい仕事」だけをやっていきたいものですが、会社で働く以上、どうしても「やらなければいけない仕事」のほうが多くなります。

あなたはそのすべてを、**ひとりで抱え込んではいないでしょうか**？

そのために多忙を極めてはいないでしょうか？

そして「リーダーなんてそんなものだ」と諦めてはいないでしょうか？

3つの質問に答えてください

ある企業が、全国の営業拠点を対象にメンタルヘルス調査を行いました。問いは次の3つです。

①上司や同僚と、思っていることを気軽に話し合えますか？
②上司や同僚と、仕事に限らず個人的な相談がし合えますか？
③困ったときに上司や同僚を頼れますか？

営業拠点Aでは、ほとんどのメンバーが、すべての質問に「いいえ」と答えました。産業医は、「いつメンタルを病む人が出てもおかしくない」と現状を伝えました。

一方、営業拠点Bでは、ほとんどのメンバーが、すべての質問に「はい」と答えました。たしかに営業拠点Bは活気にあふれ、業績も好調です。

特筆すべきは、「営業拠点Aと営業拠点Bの仕事量はほぼ変わらない」ことです。なのになぜ、メンバーの精神衛生と業績にここまでの違いが出るのか。答えは①〜③の質問に集約されています。

営業拠点Aでは、お互いに相談できない雰囲気がまん延していたために、誰もが「孤独」に仕事をし、行き詰まった仕事も自分ひとりで抱え込んで解決しようとしていたがために、効率が落ちて残業が増えていました。全員が「不要な多忙さ」に追われていたのです。

一方、助け合って解決する風土ができていた営業拠点Bは、全員がイキイキと働けているうえに、好調な業績を維持できています。

「不要な多忙さ」をなくすには？

不要な多忙さは、職場での「孤独」が原因で生まれます。そして、職場をそのような状況に陥れ、自らも無用な多忙さの渦に巻き込まれているリーダーには、誰も憧れません。

職場の「孤独」をなくすには、お互いに困ったことを相談し合い、共有し合えるようなコミュニケーションの活性化が不可欠です。そのためにはあなた自身が積極的にメンバーに「困ったこと」を開示して相談し、「ああ、自分たちも困ったことを相談していいんだ」と思わせる必要があります。

あなたの行動で、職場に「相談しやすい雰囲気」をつくるのです。

「笑顔」と「挨拶」の力も借りる

「行動で雰囲気を変える」なんて難しい、と感じるかもしれません。そんなときはまず、**「笑顔」**と**「挨拶」**を意識してみましょう。

私がリーダー研修でお会いした、ある食品メーカーの支店長に「常に笑顔」という言葉がピッタリの人がいました。

本当に、何があってもひたすらニコニコしています。私は不思議に思い、「いつもニコニコしていますけど、悩みとかないんですか?」と尋ねたら、ニコニコした顔を崩さないまま「ないわけないじゃないですか」と答えました。

笑顔には、相手が内に抱えるネガティブな感情を緩和する力があります。「上から振られた仕事が面倒くさい。やりたくないなぁ」「目標を達成するなんて、どうせ無理だよ」という雰囲気がまん延している職場でも、リーダーが率先して常に笑顔でいることで、職場のネガティブな感情が緩和される。こんなことが現実にあるのです。

職場では笑顔を心がけてください。

もうひとつの「挨拶」もバカにはできません。

私はサラリーマン時代、誰よりも明るく「おはようございます!」と言うよう心がけていました。その習慣は、リーダーになってからも、そして独立した今も変わることがありません。

「おはよー。今日も元気だ月曜日！　また1週間、みんなと仕事ができるのは楽しいなぁ！　はい、おはよー」

大げさではなく、これくらいのテンションで毎朝、挨拶をしていたのです。

正直、煩わしいリーダーだなと感じていた人もいたでしょう。しかし、「この人は本当に、リーダーを、今の仕事を楽しんでいるな」という印象も与えることができていたと自負しています。

明るい「笑顔」と元気な「挨拶」。

明日の朝から始めてください。

18

「コミュニケーションをとりたくなるような上司」になるべきだと思っています。部下の信頼を得るにはどうすればいいのでしょうか？

8割の上司は「部下の悩み」を知らない

ビジネススクールの授業でよく、「部下が今、何に悩んでいるか知っていますか？具体的に書いてください」と課題を出します。

書ける人はほとんどいません。私が講師を務め始めてから20年間、何百回、何千回とこの問いかけをしていますが、書ける人は全体の2割もいません。

あなたは、部下が仕事で何に悩んでいるか知っていますか？

いつの時代も、上司は部下のことを把握し切れないものなのかもしれません。

部下の悩みをすらすらと書ける人に共通する点は何か。

部下に自分の話をする何倍もの時間を割いて、部下の話を聞いているのです。

コミュニケーションに高度なテクニックなど必要ありません。**相手からの信頼を得たかったら、自分から話すのを我慢し、相手の話をじっくりと聞くしかありません。**

相手が何を感じ、何を思い、何を考えているか、誠実な関心を持って聞くのです。

「誠実な関心」とは、「相手が関心を持っている事柄に意識を傾注すること」を指します。SNSのコメント欄をのぞくと、「誠実な関心」を持っている人と「他人のコメント欄で自分のことを語りたいだけの人」の差がはっきりと見てとれます。

「犬を飼い始めました！」という投稿に、「わー、かわいいワンちゃんですね！ つぶらな瞳は飼い主さんそっくり！」と、ひたすら「犬」と「飼い主」に触れ続けるのが「誠実な関心」を持った人。一方で、「私も犬を2匹飼っているんですよ。右がチィちゃんで左がエルくん。このチィちゃんがお利口でね……」と写真入りで長々とコメントするのが「自分のことを語りたいだけの人」です。どちらの人が、「もっとこの人と話したい」と思ってもらえるか。言うまでもないでしょう。

「誠実な関心」を持って話を聞く

ある製薬会社の営業マンが支店長を連れ、ドラッグストアの地域責任者へプレゼンに出向きました。営業マンは自社商品の特徴を一生懸命説明しましたが、相手の地域責任者はまったく関心を示しません。何を話しても生返事で、「早くこの時間が終わらないかなぁ」という気持ちが透けて見えます。

そこで支店長が助け船を出しました。「今日はご挨拶とともに、御社に学びに参りました。御社が大切にしていることをぜひ聞かせてください」と切り出し、相手の話を聞く側に回ったのです。

責任者の表情は一変。そこから2時間、話し続けました。話が終わると支店長は「今日は大変勉強になりました。御社が大切にされていることを我々も大切にし、精いっぱい貢献いたします」と締めました。すると責任者のほうから、満面に笑みを浮かべながら握手を求めてきたのです。部下は、自分が一方的に説明していたときとのあまりの変わりように面食らいました。

製薬会社の支店長と部下が帰った後、責任者は自分の部下に「今度のあの会社の支店長は大した人物だ」としきりにほめたといいます。支店長が話したことといえば、「今日はご挨拶とともに、御社に学びに参りました。御社が大切にしていることをぜひ聞かせてください」「今日は大変勉強になりました。御社が大切にされていることを我々も大切にし、精いっぱい貢献いたします」の二言だけだったのに、です。

相手がこちらの話に興味を持っていないのなら、相手が最も興味のある「相手自身の話」を聞く。これで信頼関係を必ず深めることができます。

あなたが「コミュニケーションをとりたくなる上司」を目指すなら、**まずは「話したい」という欲を抑える**ことから始めてはどうでしょうか。

19

年上の部下に対し、
強く言わないといけない場面が
多いのですが、
普段のコミュニケーションに
尾をひきそうな気がします。
どう伝えるべきでしょうか？

強めるべきは「口調」ではない

これは私がコンサルティングをしている、ある食品メーカーの営業所長の悩みです。

年上の部下から上がってくる営業日報は「陳列が乱れていたので整えました」「小売店の店主にノベルティーを要求されたので、次回ゴミ袋を持参します」というように、すべてが受け身で、「作業」にすぎないレベルだというのです。

いくら「もっと目的意識を持って質の高い活動をしてください」と指導しても、日報の内容はまるで変わりません。営業所長は「これまでは年上だと思って遠慮していましたが、そろそろ強く言わなければいけないかもしれません」と語ります。

私は営業所長に尋ねました。

「もしも強く言うとして、何を強く言いたいですか？」

営業所長は答えます。

「明確な目的意識を持って活動しろ、と言いたいです」

私はさらに尋ねます。

「営業所長のおっしゃる目的意識とは？」

「目的意識は目的意識です」
「具体的に教えてください」
営業所長は、彼が考える「目的意識」を、次のように明確に語ってくれました。

彼が勤める食品メーカーは、コンビニエンスストアが重要な顧客です。それぞれ異なる顧客のニーズに応えることが、営業活動の大きな「目的」です。

彼は年上の部下に「顧客のニーズを考えて営業活動をしろ」と言いたかったのです。

たとえば、顧客であるコンビニエンスストアの一社は、会社として大切にしていることとして「品揃え」「鮮度管理」「クリンリネス（清潔さの確保）」「フレンドリーサービス」の四原則を掲げています。大きくいえば、これに則った商品提案が「顧客のニーズを考えた営業活動」です。

しかし、同じチェーンのコンビニエンスストアの品揃えが全店舗同じかといえば、そうではありません。店長やオーナーの考え方によって変わってきます。そのため食品メーカーの営業マンには、店舗ごとの品揃え方針を確認し、その方針に沿って提案することが求められます。

これが、営業所長の語る「目的意識」だったのです。

丁寧に「問い」を立てる

営業所長が語る「目的意識」を聞いた私は、彼に尋ねました。

「年上の部下である営業マンに、『今日訪問するコンビニエンスストアの品揃え方針と提案内容を教えて』と具体的に問いかけたことはありますか？」

「……ありません」と営業所長は答えました。

「目的意識を持って活動しろと言っているのに、年上の部下は一向に自分の期待にそう行動を起こしてくれない」と愚痴をこぼす。「今度はもっと強い口調で『目的意識を持って行動しろ』と言わなければ」と怒りを増幅させる。生産的とはいえません。

リーダーがすべきは「注意する口調を強めること」ではありません。「目的意識」を持ってほしいのならば、効果的な「問い」を立てる必要があります。

「今日訪問するコンビニエンスストアの品揃え方針をご存じですか？」

「よくわかりません」

「そうでしたか。店長が扱う商品を絞りたいと考えているのか、それとも品揃えを増やしたいと思っているのか。それによって提案内容も変わりますね。今日は、他のことは置いておいて、まずは営業活動の基本となる『品揃え方針』を確認してきてください」

「わかりました」


「おかえりなさい。品揃え方針はどうでした？」

「お客さまのニーズに合う商品を揃えたいと言っていました」

「お客さまのニーズに合う商品とは？」

「最低でも月20個以上は売れている商品だそうです」

「なるほど、よく確認できましたね。月20個以上売れそうな商品で、まだ扱ってもらえていない商品はありますか？」

「3品目あります」

「では、その3品目を品揃えに加えてもらえれば、売上を伸ばすチャンスになりますね」

このように、効果的な問いを立てることができれば、口調を強める必要はありません。

伝達は「伝える」「達する」と書きます。感情のままに言葉を投げつけているだけでは、伝えたいことがますます達しにくくなります。

「強く言わなければならない」と思ったときこそ、こまめに問いを立てながら促す。部下が年上、年下に関係なく、丁寧に問いを組み立てるのが人を動かすコツです。

20

組織のルールや規律を守らせなければいけない立場ですが、指導すると反発され、逆効果になることがあります。効果的な指導方法を教えてください。

反発が生まれる「４つの原因」

組織のルールや規律を守らせようと指導すると、反発される。

全国のあらゆる職場で似たようなことが起きています。

まず考えたいのは、「なぜ反発が生まれるのか」。

単純に「組織のルールを守りたくない」という理由で反発されることは少なく、部下の「本音」を踏まえると、次の４つに大別できます。

①上司自身が組織のルールや規律を守っていない

「自分ができていないことを他人に言うな」

「あなたには言われたくない」

②日ごろからほとんど関わりを持とうとしないのに、気に入らないことばかりメールで指導する

「まずは面と向かって話を聞いてくれよ」

「メールですませるな」

③それまで見て見ぬふりですませていたことを、いきなり指導する

「ダメならダメと、もっと早く言ってくれ」

「いきなり厳しくなったのは、上から『厳しく指導しろ』と言われたからだろう。結局、自分の保身のための指導か」

④部下の背景を理解しようとしない

「こっちにもいろいろ事情があるんだ。それを知らずに思いつきで指導してくるな」

特に多いのが④による反発です。

成果を出そうと精いっぱいがんばる部下は、組織のルールや規律を破ってしまうことがあります。そんなとき、背景を理解しようとせずにいきなり指導すると、反発を受けやすくなります。

「日報を出さない営業マン」が反発した理由

ある会社で起きた反発の事例は、見た目にはとても単純なものです。しかしその反発の原因には、④に①も絡んだ、複雑な背景がありました。

営業日報を毎日上げず、週末に1週間分をまとめて上げる営業マンがいました。

もちろん職場のルールでは、毎日上げることになっています。週末に1週間分をまとめて書くのでは、クライアントとのやりとりの記憶が薄れてしまい、重要な情報が抜けてしまうかもしれません。

また、営業日報を毎日上げることで、営業マンひとりひとりの困りごとや相談に、上司がタイムリーに対応しやすくなります。営業活動を円滑に行うためには、営業日報を毎日提出するのが必須です。

しかしある営業マンだけは、週末に1週間分をまとめて提出し続ける。営業所長は堪忍袋の緒が切れて、ついに「営業日報を毎日上げなさい。それが職場のルールです」と指導しました。

営業マンは反発しました。

「私はオフィスで社内のための営業日報をつくるより、外に出てマーケットで活動する時間を多くとるようにしているんです。営業日報なんて単なる事後報告じゃないですか。当日出しても週末にまとめて出しても一緒でしょう。むしろ週末にまとめて出すほうが効率的です」

単に「だらしない」のではない。営業活動に多くの時間を割きたいがため、日報の提出が遅れていたのだ。営業マンはこう反発したのでした。いきなり「営業日報を毎日上げなさい」ではなく、「営業日報が毎日提出できない事情が何かあるのか」を確認するスタンスで接すれば防げた衝突でした。

話はここで終わりません。

リーダーの怠慢が原因だった

営業所長は「わかった。それは悪かった。ただ、営業日報は毎日提出してほしい。営業日報の役割は報告だけではない。営業日報を毎日上げてくれることで、営業マンひとりひとりの困りごとや相談に、上司がタイムリーに対応しやすくなるという役割もあるんだ」と伝えると、部下はなおも反発しました。

「でも以前、私が日報に困りごとを記しても、所長は何もしてくれなかったじゃないですか。『どうした？　一度営業に同行しようか』のひと言もなかった。だから私は、『営業日報なんて単なる事後報告。毎日提出しても週末にまとめて提出しても一緒だ』と思い、週末に提出することにしたんです」

営業日報が毎日提出されなくなった本当の原因。

それは営業所長のほうが、営業日報の**「目的」に見合った行動をとっていなかったから**なのでした。

リーダーはメンバーに、組織のルールや規律を守らせなければなりません。とてもつらい立場です。

しかし「反発が生まれる４つの原因」を押さえ、自らを律し続ければ、指導をすることによって部下から反発を受けることはなくなります。

「自分はどうなんだ」

一度時間をとって、ゆっくり自問自答をしてください。

21

部下に
ハラスメントと訴えられるのが
怖くて何も言えません。

職場におけるさまざまなハラスメントに対する世間の目が厳しさを増すごとに、会社でも対策が強化されています。

だからといって、部下から「パワハラだ」と訴えられるのを必要以上に恐れ、静かに見放していては、リーダー失格と言わざるを得ません。

ただ、ハラスメントはどうしても、受け手の主観によるところが大きいので、「よかれと思って指導したのに、相手はパワハラだと受けとった。なぜか自分が悪者になってしまった」という話もよく耳にします。

クレーマー社員にはメモが効く

ある保険会社の営業所長のもとへ、本社のコンプライアンス部門から一通の知らせが届きました。

「お聞きしたいことがあります。時間のとれる日を教えてください」

営業所長は何事かと思いながらも都合のよい日を教えると、当日にはコンプライアンス担当の社員が３人、営業所を訪れました。聞けば「あなたからパワハラを受けたという訴えがパート社員から届いています。事実確認をさせてください」と言います。

身に覚えのない営業所長は驚きました。しかしそこから、まるで営業所長を悪者と決めつけているかのような「取り調べ」が始まります。

「あなたは今までに、声を荒げて部下を叱責したことがありますか?」

「そのパート社員の仕事がルーズだったために叱責したことはありましたが、感情のコントロールを失って声を荒げたことはありません」

「本当に、過去に一度もありませんか?」……。

ひとりが次々に質問を繰り出し、ほかの2人はそのやりとりをパソコンに打ち込んで記録していきます。とてつもない恐怖体験だったと語ります。

その話を聞いた別の営業所長は、「クレーマー社員」を抱えたときの対処法を教えてくれました。

対処法とは、**「事実に基づいた会話と行動を記録に残す」**というもの。

たとえば、クライアント先を訪問していないのに、「訪問した」と虚偽の日報を上げてきた部下がいるとします。その部下と面談を行う際は、声を荒げて叱るのではなく、「先日、クライアントにお会いしたら、担当の方はあなたに1カ月以上も会っていないと言っていました。先週訪問したという日報の記述は間違いですか?」と事実を確認するスタンスで問いかけるのです。

もしも部下が黙りこくってしまったとしたら、しつこく追及せず、「今後は日報に、クライアントに会ってやりとりした内容も簡単に記しておいてください。そうすると、私が単独でクライアントに会ったときに食い違いが出ずにすみます。私はメンバーとのやりとりを忘れないようにメモしていますが、今日のやりとりはこれでいいですか？」と、**確認し合いながら冷静に粛々と指導し、メモをとります。**

このメモが後々、万が一、コンプライアンス部門からの追及を受けたときに反論する材料にもなります。

営業所長が「メモ魔」になってからは、クレーマー社員も観念し、素直に仕事をし始めました。「勝手な想像」ではなく、「事実」に基づいて問いかけるため、「この営業所長はごまかしが利かない」と思われているようです。

事実に基づいて対話し、記録に残す。

部下育成の基本である「メモ」をきちんととることで、「パワハラだ」と指摘されて自分がよからぬ疑いをかけられるリスクを回避でき、効果的な指導ができます。

第3章

チームをつくる

「結果さえ出せばいい」とばかりに、
みなが思い思いに仕事をするのではなく、
相手を思い、助け合えるチームになっているか

22

若い社員との
価値観の違いを埋めるために、
私が彼らに合わせています。
本当にこれでいいのでしょうか?

ある営業課長からも似たような悩みを聞きました。

「チームのみんなには、まわりのメンバーが忙しいときには自ら進んで手伝ったり、ときには残業してでも仕事を終わらせたりして、協力し合える関係をつくってほしいと考えています。でも今の若い人はどうも、プライベート優先の傾向が強く、忙しくても残業を嫌がって定時で帰ってしまう。若い人の価値観がそうなんだから仕方ないよね。こっちが合わせていかないと」

そう苦笑いしていました。

しかし私は、「仕方ない」とすべてを諦め、**若い社員の価値観を常に受け入れる必要はない**と考えます。

「挨拶」ひとつでこんなに違う

私は講演や研修などでいろいろな会社にお邪魔する機会があります。

会社が変われば、廊下ですれ違った社員さんの対応もさまざまです。

重役から若手まで一様に、廊下の真ん中を空けてくださり、全員が気持ちよく挨拶してくださる会社があります。「なぜみなさん全員がこのように気持ちのいい対応をしてくださるのですか」と伺うと、**「みんなで話し合って、こうしようと決めていますから」**と答えてくれました。

一方で、廊下ですれ違う際、こちらから挨拶をしても「こいつ誰なんだ？」と言わんばかりにじろっと横目で見られるだけの会社もあります。廊下の向こう側から3人の社員が幅いっぱいに並んで歩いてきて、私が廊下の隅によって会釈をしても、相手は素っ気なく通り過ぎていくだけ、といった会社もあります。

ただこのような会社でも、全員が全員素っ気ないわけではなく、中には気持ちのいい挨拶をしてくださる人もいます。来客への挨拶については、まさに「個人の価値観」に任せているのでしょう。

企業理念という「会社の価値観」を前提に置く

個人の価値観を尊重することは大切です。

むしろそうすべき場面もあるでしょう。

ただ、「個人の価値観を尊重すること」と「最初からお互いの価値観について語り合うことなく諦める」のとでは大きく違います。

チームとして毎日、気持ちよく働きたいのであれば「どうすればチーム全員が気持ちよく働けるか」を話し合う必要があるのです。

たとえば、ある会社の正門脇にある大きな石碑には「礼節を大切に」と刻まれています。これは会社の経営理念であり、会社全体としての価値観を示したものです。

このような価値観の会社で働いているのに、「チームのみんなで大切にすべきことは何か」を話し合う場で「果たして礼節なんて必要だろうか」「忙しければ挨拶なんてしなくてもいいんじゃないか」なんて議論は不要でしょう。話し合いのスタートは「礼節を大切にするために私たちはどんな行動をとったらいいのだろうか」となるはずです。

質問に戻ります。若い社員との価値観の違いを埋めるために、あなたが若い社員に合わせる必要はありません。

あなたが所属している**組織の経営理念・価値観をベースに、堂々とリーダーとしての価値観をチームに示しましょう。**

そしてチームで話し合い、価値観を具現化するための「みんなで納得できるアクションプラン」をつくりましょう。

23

部下とコミュニケーションをとるべきだと思いますが、仲良し・友達関係になってはいけないと思います。線引きはどうすべきでしょうか？

何のためにコミュニケーションをとるのか

「仲良し・友達関係になってはいけない」という懸念は、部下とのコミュニケーションは「仲良くなるための要素」であって、「成果を出すための要素」としては重要ではないという考えから生まれているのでしょう。

職場におけるコミュニケーションの目的は、「部下との関係性を良好なものにすることで、**部下に仕事を円滑に進めてもらって、成果を出してもらう**」ことです。「部下に好かれるため」でも、「単に楽しい職場にするため」でもありません。そこを履き違えると、「なあなあな関係」に堕落します。

私はさまざまな会社のコンサルティングに入るので、「上司に対する部下のフィードバックコメント」を拝見することがあります。

雰囲気が明るく、社員も上司もニコニコして働いているのに、業績が振るわない会社のフィードバックコメントには、次のような文言が並びます。

・優しさだけでは解決できない厳しい事業環境下にある。みんなが一丸となって成果

をあげられるチームにするため、毅然たる行動指針の明示と、メンバーの状況に応じたさらなる育成を期待する

・能力があるのに実行しないメンバーには、ときには厳しく指導したり、アドバイスしたりといったアプローチがあってもいいのではないか

・メンバーに遠慮せず、リードしてほしい

一方、同じように雰囲気が明るく活気にあふれ、さらに業績もよい会社のフィードバックコメントには、次の文言が目につきます。

・「成果をあげるためにやるべきこと」を共有しようと、具体的な話をしてくれる

・求める成果のために一緒に汗をかき、ともに行動してくれる中でのコミュニケーションには説得力があり、やる気が出る

「部下ととるべきコミュニケーション」とは？

前者はまさに「なあなあな関係」に堕落してしまっている会社。

後者はコミュニケーションが「成果を出すための要素」として円滑に機能している会社だといえます。

違いは、「何のためにコミュニケーションをとるのか」が明確なことです。

仕事では成果をあげることが求められます。ならばコミュニケーションも「成果をあげるため」に行われるべきです。

成果をあげるコミュニケーションとは、突き詰めれば次の３つに集約されます。

①うまくいっていない原因の確認と共有
②うまくいっている原因の確認と共有
③メンバーの背中を押す励まし

成果に直接結びつかないコミュニケーション（趣味の話題や家族の話など）は人間関係の土台を築くうえで大切ですが、こちらに偏りすぎてはいけません。

あなたは普段、どんなコミュニケーションを部下ととっていますか。自分のことは意外とわからないものです。時間をとって、じっくり振り返ってみてください。

24

正直にSOSをあげてくるメンバーは
なかなかいません。
「調子はどう?」と聞いても、
みな「ぼちぼちです」と答えます。
どうすればいいのでしょうか?

具体的な答えを得たければ、具体的に聞く

「調子はどう？」と聞かれたら、あなたならどう答えますか。そんな漠然とした問いかけでは、部下も「ぼちぼちです」とふんわり返すしかないでしょう。

具体的な答えを得たいなら、具体的に問いかけなければなりません。

「前回の提案で、苦手なクライアントにOKをもらえなかったと言っていたね。指摘された課題を解消した再提案を月末までにすると言っていたけど、提案の感触はどう？」といったように、**「あの困りごとは解消できたか」と具体的に聞く**のです。

「SOSを待つ」のではなく、部下がSOSの状態にあるのかどうかを、リーダーであるあなたから「問いを立てて顕在化させる」必要があります。

特に仕事の経験が浅い場合には、「本人自身が、何に困っているかもわからない」「困っていることが多すぎて絞れない」「困っていることがあるが、なぜこのような状況に陥っているのか理由がわからない」ということが起こり得ます。

リーダーにSOSを出そうにも、自分の状況をうまく伝えられないばかりに「SOSの出し方すらわからない」という厄介な事態が発生することがあるのです。

だからこそリーダーには、「部下が何に困っているのか」にアンテナを張り、具体的に「今、これに困っていないか？」と質問をして、**困りごとをあぶり出す力が求められます。**

部下からの相談はメモに残す

部下のＳＯＳを顕在化させるために重宝するのが「メモ」です。部下の相談を受けたときは、何月何日の何時にどんな相談を受け、どんなアドバイスをしたのか、メモを残しておきましょう。**「日付／相談内容／アドバイスの内容／改善策」**のように、あらかじめフォーマットをつくっておくと便利です。

私が行うリーダー研修ではよく、「部下の誰から、いつ、どのような相談を受けたかをすべて覚えていますか？」と問いかけます。覚えているリーダーは10人中、２人くらいです。

それに加えて、「その相談にどのようなアドバイスをしたか、そしてそのアドバイスに部下がどのような反応を示したか覚えていますか」と聞けば、覚えているリーダーはほぼいません。

そもそも覚えていないのでは、後々「あれはどうなった？」と確認することもできません。一方、メモを残しておけば、「2週間前の火曜日の午後に相談に来てくれたよね。あのとき『じゃあこうしてみよう』と結論が出たあの件はどうなった？」と具体的に確認できます。

SOSの発掘にメモは必須です。メモをもとにどんどんリーダーから問いかけましょう。「こんな状態になる前に相談に来てくれたら、なんとか挽回できたのに」という残念な事態を減らし、タイムリーな対応ができるようになります。

25

人の相性を意識せず、
スキルだけで採用した結果、
協力関係にあったチームが割れました。
相性を重視して
採用すべきだったのでしょうか？

「相性のいいメンバー」をそろえるのは不可能

人間関係は複雑なもので、長くつき合いを続けていく中で相性も変化します。出会ってすぐはけんかばかりだったのに、時間がたてば相性がよくなることもあれば、その逆もあります。

つまり、「相性のいいメンバー」だけをそろえてチームを形成するのは、現実的には不可能と考えてよいでしょう。

リーダーに求められるのは、「好き嫌い」という感情に振り回されがちな部下たちを「目的」のもとに束ねる力です。「私たちは、個人の相性の良し悪しを超えた、大きな目的のもとに集まっているのだ」ということをメンバーに伝え、そして束ねるのがリーダーの役割なのです。

相性の悪さは、感情に起因します。リーダーがいきなり相性の悪い者同士を集め、「我々のチームの目的は何か。達成すべき目標は何か。そのために何が必要か。みんなで話し合おうぜ。相性なんて関係ない。みんな運命共同体じゃないか」と呼びかけたところで、無理があります。理屈は「リーダーの言うとおり」なのですが、人間としての感情がどうしても、邪魔をするのです。

「理屈」の前に「感情」に寄り添う

ある農業工作機器メーカーでは、整備部門と営業部門の仲が悪い状況が数年にわたって続いていました。

整備部門は日々、営業部門に対して「整備がどんなに忙しい状態でもお構いなしで、点検を次から次へと安請け合いする。おかげで今度の週末もまた休日出勤だよ」とこぼします。営業部門は整備部門に対して「おれたちが日々、お客さまにどれだけ頭を下げているのかわかっているのか。整備はいつも言い訳ばかり」と嘆きます。

そんな中、整備部門のミスでトラブルが起き、解決のために営業部門の協力を仰がなければならない場面が訪れました。

しかし、協力体制はすんなりと整いません。日ごろからいがみ合っている仲。営業部門のメンバーからは「なんであいつらのミスを自分たちが尻ぬぐいしなければならないんだ」なんて声も聞こえてきます。

営業部門も整備部門も、お客さまに安心して農業工作機器を使ってもらい、買い換えるときはまた自社の農業工作機器を選んでいただきたいと考えています。でも立場が違うためにお互いの苦労をわかり合えず、感情面で対立してしまっているのです。

そこでリーダーがやるべきことは、いがみ合っている両部門が膝を突き合わせて、「商品を買ってくれるお客さまのためにできることは何か」という共通の目的を話し合う場をつくることです。

相性が悪い人間同士がチームとして協力関係を築くには、「理屈」ではなく「感情」に訴えかけることが大切です。話し合いの中で、「整備部門は日々、こんなにも多くの案件を抱えていたのか」「営業部門は日々、こんなにも苦情にさらされていたのか」と、お互いの苦労を認識し合うことができれば、対立感情も緩和します。

感情レベルでこじれているうちは、協力関係をつくれません。**相手を感情面で受け入れて初めて、「解決のためにどうするか」という理屈が練られる**のです。

相性が悪い人間でチームを組まなければならないときは、まず「相性が悪いと感じる原因はどこにあるのか」をお互いから聞きとり、感情面を和らげるところからスタートしましょう。

26

部下とコミュニケーションを
積極的にとっていますが、
個人のプライベートに踏み込むことに
躊躇しています。
この点はどのようにお考えでしょうか？

無理に踏み込まなくていい

あなたの姿勢は全面的に正しいです。ふだんから仕事に関するコミュニケーションを積極的にとれているのであれば、何も「さらに関係を深めよう」とプライベートにまで踏み込む必要はありません。

あくまでも仕事を中心にコミュニケーションをとり続けていれば、その中で「仕事に影響を与えるプライベート」について話題に上ることが必ずあります。そのときに初めて、プライベートの話を聞いてあげればよいのです。

いきなり「奥さんとの仲はうまくいっているのか？」と聞かれたら、「なんでそんなことをいきなり聞くんだ」と感じるはずです。職場で明らかに眠そうだなと感じたときに「どうした？　寝不足か？」と声をかける程度で十分。部下から「実は毎晩、夫婦げんかが絶えなくて……」と吐露してくれるのを待ちましょう。

「人間、そんなに簡単に心を開いて、自分の悩みをペラペラと話すものではない」という前提を忘れてはいけません。リーダーが相手だからといって、**自分の気持ちを正直に話したり、弱みや悩みを打ち明けたりする義理はメンバーにはない**のです。

「本音」は自分からさらけ出す

「部下と本音で語り合える雰囲気をつくりたい」と望むリーダーは多くいます。しかし信頼関係のできていないうちに「さあ、本音で語り合おうぜ」と言われても、部下の側は構えます。まるで自分の本音がリーダーにチェックされ、監視されるような印象を抱くからです。

そもそも、なぜ部下と「本音で語り合いたい」と思うのか。

それは、日々の仕事についての改善したい点・気になること・要望・悩みなどを溜め込まず、どんどん相談してほしいと考えるからでしょう。

ならば**リーダーの側から「日々の仕事についての改善したい点・気になること・要望・悩み」などを部下に相談しましょう。**

心理学には「返報性の法則」というものがあります。これは、相手から施しを受けたときに「お返しをしたいな」と感じる心理作用のことです。部下に本音で話してもらいたいのならば、まずリーダー自らが鎧兜《よろいかぶと》を脱いで、本音で部下に話しましょう。

私もよく、部下に本音で相談していました。恥ずかしい話ですが、私は若い頃、どうも会議できつい口調で励ましすぎてしまうところがあり、メンバーをしゅんとさせてしまうこともありました。反省はするのですが、いざ会議になるとやはり熱が入ってしまい、語気が強くなってしまうのです。

そこで私は、会議の後、腹心の部下に「さっきの話、みんなはついてこれていたかなぁ」「もっとトーンダウンして話したほうがいいかなぁ」と、よく相談していました。腹心の部下はストレートに「あれくらい強く言っちゃったほうがかえってよかったんじゃないですか？」と言うこともあれば、「前回言ったことに一生懸命とり組んでいる段階で、また新しいことを吠えた。まだ消化し切れていないと思いますよ」といさめてくれることもありました。

メンバーとの信頼関係が高まってからは、腹心の部下だけでなく、メンバーそれぞれに相談する機会も増えました。するといつしか、部下の側からも「本音の相談」が寄せられるようになりました。「風通しのいい雰囲気になってきたな」と嬉しくなったのを思い出します。

本音を引き出すには、まず「自分から」です。**一方的に探ろうとすると、敬遠され、信用を失う**こともあります。

27

そもそも、なぜ助け合う必要があるんですか？

助け合ったほうが成果があがる

プレッシャーをかけてひとりひとりのスキルを磨き、とことん「個の力」で戦わせたほうがトータルの成果が高まるのであれば、たしかに「助け合い」はいらないでしょう。ひとりひとりの机をパーティションで仕切って集中できる環境を整え、個の業績を重視し、見込み違いだった人には辞めてもらう。これが最善の組織だったら、助け合いはいりません。

しかし多くの会社で「助け合い」を是《ぜ》としているのは、助け合ったほうが成果があがることが明白だからです。

助け合っているのに成果が出ないのだとしたら、それは「助け合いという活動に効果がない」のではなく、単に**「助け合いの質が悪い」**だけです。

助け合いが行われていなかったり、助け合いの質が悪かったりする職場には、「成果が出せている人」と「出せていない人」の二極化が激しいという特徴があります。

優秀なメンバーは優秀さを保持し、ノウハウを囲い込む。成果が出せていないメンバーは、優秀なメンバーの助けを借りられず、成長のきっかけが「自助努力」に限られる。ノウハウを共有したり、アドバイスを受けたりするチャンスがないまま、優秀になる機会を与えられず、停滞したまますぶる。これが二極化の原因です。

なまじ**チームとして目標を達成できていると、この不幸は長く続きます**。目標は達成できているわけですから、リーダーは現状に問題意識を持ちにくい。そして優秀なメンバーも、「業績の悪い奴らがチームの足を引っ張っているけど、自分たちの力でなんとかチームを目標達成に導いた。自分たちはすごい」としか思いません。現状を変えるきっかけが生まれにくいのです。

しかしこのようなチームは、成功ノウハウを共有し、アドバイスを与え合い、助け合っているチームに決して勝てません。そのうえ常に優秀なメンバーが転職や独立で退職し、ガクンと業績を落とすというリスクがつきまといます。

優秀なメンバーの意識を変え、助け合う組織にするには何が必要か。

答えは至ってシンプル。そう、「報酬」です。

明確な「報酬」を与える

優秀なメンバーが成果の出せないメンバーにアドバイスしたり、ノウハウを共有したりしたがらない原因は、そんなことをしても一銭の得にもならないうえに、成果の出せないメンバーが成長してしまっては自分の優秀さが脅《おびや》かされるからです。

優秀なメンバーの気持ちもわかります。**見返りがなくては、アドバイスをする理由がありません。**

だから、報酬を支払うのです。

「アドバイス料」が入ってくることがわかれば、優秀なメンバーは進んでアドバイスをするようになります。アドバイスは立派な「仕事」。優秀なメンバーの「ボランティア」に甘えてはいけません（「助け合い」による評価の方法については、次項に譲ります）。

もしも「助け合い」に価値がないのであれば、会社はみんな、個々の成績に応じて報酬を支払う個人契約を結んでいるはずでしょう。

しかし多くの会社は、そうではありません。それが何より、「助け合い」に「個人勝負」以上の大きな価値があることの証明でしょう。

28

チームで協力し合おうと
何度も伝えていますが、
うまくいきません。
「チームへの貢献」という
評価項目もあるのですが、
どうしても個人業績に意識がいきます。

「どのようなときに、何を協力し合うか」を明確に

この質問は、前項の質問から進展し「助け合いが必要だ」という結論が出た後の段階で生まれたものでしょう。

あなたの職場は具体的に助け合えていますか？

「協力し合おう」という呼びかけが、単なるかけ声で終わっている。その原因は、「どのようなときに、何を協力し合うか」が各論まで落とし込まれていないからです。

「どのようなときに、何を協力し合うか」を具体的に定めれば、協力行動は自然に生まれます。

ある住宅販売会社では、個人の競争が激しく、伝統的に「助け合わない」風土ができていました。休日になると、売れっ子営業マンのところにはアポイントメントのあるお客さまがたくさん訪れ、そうでない営業マンは手持ち無沙汰……という状況。売れっ子営業マンの商談が延び、後のお客さまが待たされることになっても、「あいつのお客さまだから」と誰もフォローしません。待たされ続けていら立ったお客さまが帰ってしまうこともしばしばありました。

リーダーは、この状況を変えなければと考えました。購入を検討している段階のお客さまの多くは、「ほかの会社から家を買ってもいい」と考えています。対応に不満を持ち、帰ってしまったお客さまは二度と戻ってきません。ほかの会社へと流れてしまうでしょう。

せっかく来ているお客さまを逃がすのは、あまりにももったいない。そこでリーダーは、**「全体の業績アップ」**のため、助け合いを促進することにしました。

「助け合い」で成約率アップ

「どのようなときに、何を協力し合うか」。リーダーはメンバーと話し合って、具体的に定めました。

誰が担当のお客さまが来店しても、メンバーみんなで「いらっしゃいませ」と挨拶をする。売れっ子営業マンの商談が長引き、お客さまを待たせているようならば、手の空いている営業マンが「今、担当の者が別のお客さまの応対をしておりますので、私でよろしければ、できる範囲の部分でサポートいたします」と申し出て、お客さまの要望を聞いたり、契約までの流れを説明したりと「仮詰め」を進める。小さな子どもを連れているお客さまがいたら、子どもをキッズルームへと案内し、一緒に遊ぶ。「どのようなときに、何を協力し合うか」を、細かな部分までメンバー全員で共有したのです。

そして評価項目にも「チームへの貢献」を追加。それまでは1軒の家が売れれば「担当営業マンの評価」にしかならなかったものを、協力体制を敷いた後は「担当営業マンが10、サポートに入った営業マンは1」ほどの割合で報いる形にしました。加えて、チーム全体で目標を達成できたときは、「チーム評価」という形でチーム全員に報いる内容に変えました。

あわせて、優秀な営業マンには、業績で苦しんでいるメンバーの育成をサポートしてもらい、その点も「チーム貢献」として評価で報いるようにしました。

店全体の協力体制が具体的に進むことで雰囲気もよくなり、年間売上は25％以上も伸びました。

せっかく話し合いをして「助け合いが必要」という結論が出ても、**「どのようなときに、何を協力し合うか」「その協力についてどのような報い方をするのか」**までを話し合わなければ、協力体制はいつまでたっても築かれません。

29

シニア社員にプラスαの仕事を振ると、「私には無理だ」と泣き言ばかり。どう頼めばいいのでしょうか？

翌年に定年を迎える人に「もっとがんばってください」「若手と同じように多くの店舗を回ってください」と言っても、響くはずがありません。定年を迎えれば、会社がどうなろうと自分には関係ないからです。

また、仮にがんばろうとしてくれたとしても、肉体の衰えによって若手と同じようにはがんばれないこともあります。「同じ営業マンだから」と、若手と同じように取引先の店舗をどんどん回れというのも酷な話。ましてや「プラスα」の仕事ともなれば、「勘弁してくれよ」と嘆きたくなるのがシニアの本音でしょう。

人間、誰しも頼られたい

さて、あなたにひとつ質問があります。シニア社員に仕事をお願いしつつも、どこかで「シニア社員＝やる気がない」という固定観念を持っていませんか。戦力外扱いして、半ば諦めていませんか。

人間、本音では誰しもが「頼られたい」のです。長年、最前線で戦ってきたベテラン社員ならばなおさらです。労《いたわ》られたら労られたで、「そうはいっても、自分はそこまで老いぼれじゃないぞ」とプライドが傷つけられます。

シニア社員には、「彼らが得意なこと」を頼みましょう。

体力は落ちているし、新しいテクノロジーにも疎い。それでも、今まで培ってきた経験をもとに、意外な特技を身につけているシニア社員は多くいます。

「得意なこと」でどんどん頼る

ある食品メーカーのシニア社員は、「俺は体力がないから外回りはもう無理です。手書きポップだけつくります」と宣言して、社内に引きこもっていました。「何を勝手に」という話ですが、手書きポップ自体の質は高く、一日中、楽しそうにつくっています。

彼がつくるポップの特徴は、「お客さま向け」ではなく「店員向け」であること。小売店のレジ周りにあるガムや飴は、店員のひと声が購入のきっかけになることがよくあります。そこで彼は、レジの中にいる店員に向け、「こんなひと言で勧めてみてください」と提案するポップを数多くつくり、好評を得ていたのです。

彼の上司である課長は、メンバーから半ば「窓際」扱いされている彼にスポットライトを当てたいと考えました。そこで「手書きポップの技術、すごいですね。この手書きポップの書き方を若い衆に教えてやってくださいよ。講習会を開きたいんです」と提案しました。

最初はそのシニア社員、ほかのメンバーともに乗り気ではないように見えた講習会でしたが、手書きポップのつくり方を語る中で見えてくる**「シニア社員ならではの視点」**にメンバーは感嘆。これをきっかけに、営業マンのいろいろな相談がシニア社員に寄せられるようになりました。さらには「よし、あの店のオーナーはおれが昔担当していたんだ。ついていってやる」と、トラブルになった営業マンの火消し役として同行するまでになったのです。「体力がないから外回りはもう無理」と泣き言を言っていたのが嘘のようです。

「得意なこと」と「頼られている実感」がてこになり、このシニア社員のモチベーションは大きく変わりました。シニア社員にもまだまだ、会社に貢献するだけのパワーは残っています。

しかし注意点がひとつあります。シニアのモチベーション「だけ」に頼っていては、パワーは長続きしません。「プラスα」の仕事をお願いしたのであれば、その仕事は「ボランティア」ではなく、しっかり評価で報いることが大切です。

30

パート職員のやる気スイッチを
押すことができず、悩んでいます。

「ありがとう」と「当たり前」

「あなたのおかげでチームの雰囲気がよくなった。ありがとう」と言われたら、嬉しい気持ちになりませんか。

パート職員が最も飢えている言葉。それは「○○さん、ありがとう」です。**名前で呼びかけて、感謝の言葉を伝えてください。**

「社員さんから『ありがとう』なんて言葉、聞いたことがない」と嘆くパート職員は多くいます。

「ありがとう」の反対は「当たり前」。パート職員に雑務をやってもらうことが当たり前だと考えている社員がそれだけ多いということです。

あなたはパート職員のフルネームを知っているでしょうか？

前職で何をしていたか知っているでしょうか？

そもそも、パート職員を社員より「下」に見てはいないでしょうか？

パート職員をなめてはいけません。ある製薬会社の職場をのぞかせてもらったところ、パート職員には「ふとんを売らせたら営業所でトップだったセールスパーソン」「生命保険会社でいつも成績上位だった人」など、前職で第一線に立っていたメンバーが何人もいました。多くが「子育てなどでいったん仕事をやめ、正社員としての再就職が難しく、パートとして働いている」という面々です。

このポテンシャルを活かさない手はありません。パート職員のモチベーションが下がっているとしたら、それは社員がパート職員を「単なる作業者」としてしか見ておらず、感謝の言葉ひとつかけていないからではないでしょうか。

なんとももったいない話です。パート職員のポテンシャルを引き出すことができれば、職場にとってはとてつもない起爆剤となります。

会議への参加を促し、どんどん頼る

パート職員は時給で働いています。「正社員と同じように考えて動いてくれ」「もっとやる気を出してくれ」と要求するばかりでは、「じゃあ時給を上げてください」と言われてしまいます。「決まった時間内で、言われたことをやる」条件でパートとして採用されているわけですから、もっともな言い分です。

そんな中でパート職員のやる気を引き出すには、「ポテンシャルを発揮したくなるような場」に参加してもらうのが有効です。

契約している時間内で、意思決定の場である会議にもどんどん参加してもらうのです。そこで、「営業マンが今、何を重点目標に置いて動いているのか」「そのためにパート職員に期待していることは何か」を感じてもらいます。

人間は考える生き物です。**目標を共有すれば、パート職員も「自分はそのために何ができるか」を考えます。**一緒に働く以上、仲間の役に立ちたいと思うのが自然な心理だからです。

会議は社員しか参加できないという場合は「現場の意見として、○○さんにも話を聞きたい」と、パート社員にヒアリングしましょう。

ある健康食品会社では、会議に参加してもらったパート職員から「売り手の都合に偏った営業活動になっていないでしょうか。もっとクライアントの意向を確認しながら営業活動を進めたほうがいいと思います」という意見が出て、営業マン一同がハッとしたといいます。ふだん会議に出ていないパート職員だからこそ、固定観念にとらわれない意見も期待できます。

「感謝の有無」でこんなにも差が出る

ただし、いくら会議に参加してもらってポテンシャルを引き出し、パート職員のモチベーションを高めても、社員ひとりひとりが感謝の気持ちを持たないままでは、結局、パート職員はやる気をなくしていきます。

あるパート職員は、社員2人のサポートをしていました。意思決定の場である会議に参加したことで意欲が高まり、社員に提出する日報に「単なる作業記録」だけでなく、「店頭で感じた品揃えの変化」や「お店の担当者との何気ない会話内容」まで事細かに記すようになりました。

ひとりの社員は、この情報をありがたく感じ、**日報に感謝の言葉とフィードバックを添えてパート職員に戻す**ようになりました。日報には日に日に、パート職員がつかんだ有益な情報が増えていきました。余白がなくなるくらいにビッシリと書かれた日報が、毎日あげられるようになったのです。

もうひとりの社員は、一切、何のフィードバックも、感謝の言葉もかけませんでした。するとどうなったか。日報の情報量は日に日に減り、いつしか元の「単なる作業記録」へと戻っていました。

同じ人間でも、感謝の言葉があるかないかで、仕事のモチベーションとパフォーマンスにこれほどの差が出るのです。

簡単な作業を行ってもらう前提での雇用契約なので、こちらからあれこれと高い期待を示すことはできません。

しかし、重要な情報を共有し、ともに働く大切な仲間として、立場や職位に関係なく、感謝やねぎらいの言葉を伝えれば、やる気を出してもらえる可能性は大きく高まります。

契約時間内でおおいに頼り、感謝の意を精いっぱい伝える。パート職員には「作業者」としてではなく「ともに働く仲間」として接しましょう。

31

私の腹心は仕事ができるのですが、
部下に対して短気で言葉が悪いのです。
何度も注意しましたが、改善しません。

そもそも「仕事ができる」とは何か？

まず大前提として、「仕事ができる」の定義は何でしょうか。

あなたはどうお考えですか？

会社には売上目標とともに、「どう働くべきか」を明文化した経営理念や行動規範があります。端的にいえば、会社で働く人間には**「能力」と「人格」の両方が求められる**ということです。

つまり「能力」の面でいくら売上目標を達成し、成果を出していたとしても、「人格」の面で和を乱し、経営理念に外れる行動をしているのであれば、その人は「仕事ができる人」とはいえないのです。

それを踏まえたうえで、「短気で言葉の悪い部下」にどうアプローチするかを考えていきます。

口調や態度は、受け手の主観によって印象が変わります。同じ口調、同じ態度でも、「頼りがいがある兄貴分」に感じる人もいれば「偉そう」に感じるだけの人もいるでしょう。「短気で言葉が悪い」は万人が受けとる印象ではなく、質問者ひとりの主観である可能性も十分に考えられるのです。

そのため、口調や態度を改めるよう指摘する前に、**「その口調や態度が仕事の業務にどのような影響を及ぼしているのか」という客観的事実を冷静にチェックする**必要があります。特定の人物の「好き嫌い」によって出ている苦情なのか、それとも明らかに「業務に支障が出ているため」の苦情なのかを見極めるのです。

口調や態度は、性格と同じように、その人が長年かけて生活してきた環境の中で形成されたものです。改めるよう指摘するのは、その人に人格否定と受けとられかねないデリケートなことでもあります。

口調や態度について本人に話すときには、慎重すぎるほど慎重に、事前の調査が必要になるのです。

「会社が掲げている規範」をもとにアプローチする

実際にアプローチするうえで大切なのは、あくまでも「会社が求めている行動規範・行動指針に沿っていない行動がある」というスタンスで接することです。

たとえば行動規範に「お互いの気持ちを尊重し合って協力関係を築こう」と書いて

あるのならば、次のようなアプローチをとってみましょう。

「これは誰か特定個人の考えではなく、会社が全社員に求めていることだ。組織で働いている以上は、会社が掲げているこの規範に則った行動をする必要がある。でも現在、あなたの行動はこの規範からは外れていて、こんな実害も出ている。これは残念なことだ。あなたには能力がある。あとはこの規範に則った行動をしてくれれば、周りからの信頼はより厚くなる」

「リーダー」対「特定の部下」という「個人」対「個人」の戦いにするのではなく、**会社が掲げている規範をもとに、相手に修正を求める**のです。

リーダーであるあなたは、会社においては「公人」です。組織をリードする人間として、部下の「能力」と「人格」を客観的に見極めてください。

32

複数の部下から
「よく思われていない役職者」がいます。
この役職者と部下との関係性を
改善させるアドバイスを
いただければと思います。

部下に対するアプローチ

質問18で私は「8割の上司は『部下の悩み』を知らない」と述べました。これは、お互いの立場を逆にしても当てはまります。**「上司の悩み」を知っている部下もまた、ほとんどいません。**あなたはどうでしょうか？

お互いの悩みを知らないのに、部下が上司の悪口を言ったり、上司が部下の悪口を言ったりしているのでは、あがる成果もあがりません。

まずは部下に対するアプローチから。仕事の悩みを語り合う場をつくり、その中で「上司の悩み」について触れることをお勧めします。

「たしかに、あの人に対して、気にくわない部分があるかもしれない。でもさ、会社員として、自分たちはあの人をサポートしなければいけない立場にある。あの人は日々、何を考え、何に悩んで働いているんだろう。ちょっと想像してみようよ」と促すのです。

想像ながらも、さまざまな声が出てくるはずです。「好き嫌い関係なく、部下を育てなければいけない」「チーム全体の業績を背負いつつ、自分のノルマも達成しなければならない」など、粗いながらも的を射た意見も出てくるでしょう。

「そうなんだよ。あの上司もいろいろ大変なんだよ。ならば、できる範囲で助けてやろうぜ」

今までまったく関心を持っていなかった「嫌な上司」に少しでも思いを馳せ、「どんな悩みがあるんだろう」と考えることで、わずかながらでも「仲間意識」が高まり、見方も変わるはずです。「ゼロ」が「1」になるのですから、大きな進歩です。

上司に対するアプローチ

リーダーから見て「よく思われていない原因は上司自身にもあるよな」と感じるようなら、上司に対してもアプローチをする価値はあります。

ある住宅販売会社では、課長以下、現場の営業マンは、部長に対していい感情を抱いていませんでした。「現場を知らないくせに、横柄だ」。現場の営業マンがみな一様に口にしていた部長評です。

ひとりの課長が、この関係を改善しようと立ち上がりました。課長同士のディスカッションの輪に、部長を入れたのです。「現場のことを知らないくせに」という不満がまん延しているのならば、現場のことを知ってもらえばいい。よく考えたら、単純なことでした。

加えて、現場の営業マンが使っている進捗共有シートに、「部長のフィードバックコメント」欄を設けました。全員が共有するシートのため、部長が各々にどのようなフィードバックをしているかも全員がわかります。業界経験の長い「部長ならではの視点」も、現場の営業マンには役に立ちます。

さらに課長たちは、その進捗共有シートを、部長のさらに上席である役員に定期的に提出するようにしました。部長が現場にどう関わっているかをガラス張りにしたのです。このアプローチで、部長の部下に対する関わりも、部下の部長に対する関わりも、少しずつ変わっていきました。

関係がよくないからこそ「あえて思いを馳《は》せる」「あえて巻き込む」。すると必ず改善していきます。

33

「自分は優秀である」という
プライドを持ち、
意見を曲げない部下がいます。
たとえ自分が間違えていても、
その間違いを認めません。
どう指導すべきでしょうか？

自分の仕事に自分なりの信念や誇りを持って打ち込むのは素晴らしいことです。

しかし、チームとして働く以上、ひとりの「プライド」を尊重し続けるわけにはいきません。

メンバー個々のプライドを「チームの一員として果たすべき役割」に統合できなければ、チームは前に進むことができません。

「チームの一員として果たすべき役割」とは、リーダーであれば、「自分に任されたチームの成果をしっかり出すこと」に尽きます。同じくメンバーであれば、「周囲と協力しながら、自分に課された目標を達成し、成果をしっかり出すこと」となるでしょう。

プライドを「転換」させる

ご質問のケースでは、「個人のプライド」が、自分の意見を曲げなかったり、間違いを認めなかったりといった形で表れ、「チームの一員として果たすべき役割」に支障をきたしているがゆえの相談だと感じました。

こうした場合は「個人のプライド」を「チームの一員として持つべきプライド」に

転換させてあげる必要があります。

ただし、転換の仕方を誤ると、余計にことはこじれてしまいます。

プライドが高い人に「ここを直しなさい」と面と向かって指導しては、プライドが邪魔をして「自分は悪くない、自分は間違っていない」とガードを固めてしまい、かえって頑《がん》として聞かない状況に陥ってしまいます。

また、「個別」に指導すると、個人攻撃ととられて反発を招くおそれもあります。

話し合いの中で「見つめ直させる」

ではどうするか。チーム全体を巻き込んで、「プライド」について考える場を設け、話し合いの中で、**客観的に自分の考えや言動を振り返らせる**のです。

まずはチーム全員で「こんな職場にしたい」「こんな働き方をしたい」「こんなリーダーになりたい」と話し合う場を持ちましょう。

意見を交換する中で、チーム全員が目指す「リーダーの姿」「メンバーの姿」が見えてくるはずです。その姿こそが、リーダー、メンバーともに「チームの一員としてのプライド」を発揮している状態。その「目指す姿」と「現状」がかけ離れている事実に気づけば、プライドの高い部下も「なるほど。チームの一員としてはまだまだ、足りないところがあるな」と気づきを得ることができます。「個人として指摘」すると反発を招くのですから、「チームみんなの話し合いの中で見つめ直す」チャンスを与えればいいのです。

「個人の問題」を「組織の問題」として考え、「どんな職場にしたいか」を全員でディスカッションする。

さまざまな課題に応用が利く手法なので、ぜひお試しください。

第4章

結果を出す

結果に一喜一憂するのではなく、
結果につながる行動（プロセス）を正しく認識し、
実行できているか

34

上司の指示が納得できないものでした。
しかし立場上、部下にも
同じ指示を出さなければいけません。
非常に気が重いです。

上司と戦っても、得るものは何もない

こうした板挟み、リーダーとしてはつらいですよね。

でも決して「こんな指示、納得できません！」などと、上司と戦ってはいけません。権力を持ち、頭の凝り固まった上司と戦ったところで、会社は何も変わりません。あなたが損をするだけです。

ならばどうすればよいか。上司からの指示には「はい」と従順な返事をしつつ、**現場がやりやすいように、かつ成果を出しやすいようにするためにはどうすればよいかを考える**のです。

ある建設会社の課長が話してくれました。

オフィスでふんぞり返っているばかりで現場に足を運ばない上司が、実情も知らないくせに、あれこれ命令してくるのだそうです。

「それは大変ですね」と同情する私に、彼は笑ってこう答えました。

「たしかに、まともに聞いてたら大変かもしれませんね。でも大丈夫。あの上司は現

場に足を運ばないわけですから、適当にはいはいと返事をして、結局は現場のやりやすいようにやっていますよ」

なるほど。私は妙に感心してしまいました。

この建設会社に限った話ではなく、**上司は現場の隅々まで細かく把握していません。**あなたがどんなに上司の指示を「アレンジ」しようと、知るよしもないでしょう。上司にとって大切なのは「結果」。結果を出すための「プロセス」こそ、あなたの腕の見せどころなのです。そして見事に結果が出れば、「あなたのアドバイスのおかげでいい結果を出すことができました。ありがとうございます」と上司に手柄を献上する。これがウィンウィンな関係というものです。

指示の「背景」を押さえる

上司からあなたに指示が下る場面は、たとえば課長級以上が集まる社内会議などであり、「その場にあなたの部下はいない」ことがほとんどでしょう。ならば、あなた自身が上司の指示に納得していなくても、「自分の部下が納得のしやすい説明の仕方」

を考え、伝えることはできるはずです。

最も愚かなのは、「部長の野郎、こんな無茶なことを言いやがったんだ。俺はこう思うんだけどな。納得いかねぇよな」と、「上司から指示されたことが自分でも納得できない」ことをそのまま部下に伝えることです。あなたが不満を部下にぶつければぶつけるほど、現場のメンバーの不満は増幅され、やる気は削がれていきます。当然、上司が求めている結果を出すこともできません。

部下に伝えるべきは「あなたが上司からの指示に納得しているかどうか」ではなく、**「上司がなぜ、そのような指示を出したのか」という背景**です。

たとえば、今期の売上目標が「前年比１０８％」だった自動車メーカーで、来期は「前年比１１５％の売上」を目指すと決まったとしましょう。

「えーっ！　前年比１０８％でもしゃかりきにがんばってようやく達成できたのに、来期はこのがんばりを継続するどころか、今期の売上に15ポイント分も上乗せしなければいけないのかよ！」。これが偽らざる本音かもしれません。

これをそのまま部下に伝えるだけでは、部下も同じ反応を示すでしょう。だから上司であるあなたは、部下が「よし、厳しい目標だけど達成しようぜ」と奮起するように伝える必要があります。

「今期はよくがんばった。来期の目標は前年比115％とさらに高くなる。なぜか。それは、新たな研究開発と設備に大きな投資が必要になるからだ。今のところ、我が社にはブランド力があり、燃費のいい主力商品も好評だ。しかし今、車を買う人の興味は、安全性が高く運転の負担も少ない自動運転支援車に向けられ始めている。その分野で立ち後れている我が社は、研究開発と新たなテストコースの建設に投資をしなければならないんだ。ここで後れをとったら、我が社の売上は一気に失速しかねない。現実に北米市場ではその兆候が出始めている。これが経営陣の抱いている危機感だ。みんなも共有してほしい」

経営陣はいろいろなデータをもとに分析をし、徹底議論をして長期的な戦略を立て、それでも危機感を持っているからこそ、厳しい目標を部下に突きつけるわけです。その危機感の理由をわかりやすく伝えると部下は奮起します。誰も、自分の会社を潰したいとは思わないからです。

その意味では、経営陣が出す指示の「意図」を部下に伝えられるよう、まずあなたが上司に「なぜこのような指示が出るのですか」と根拠を確認するのです。

なぜ、その目標を掲げたのか。

目的や背景を、**わかりやすい「注釈」を入れながらメンバーに伝えると、目標に対する現場の納得感が高まります。**

あなたの腕の見せどころです。

35

成果が出ていないときほど、
部下との会話時間が減少している
と感じます。
苦しいときこそ
声をかけるべきなのですが、
どうすればいいのでしょうか？

こんな寓話《ぐうわ》があります。

ある朝、山の中を歩いていた旅人が、汗を流しながら一生懸命に木を切っている木こりを見つけました。夕方、旅人が同じ道を戻ってみると、朝と同じ場所で、滝のような汗を流しながら木こりがまだ、木を切っています。

でも、あまり作業は進んでいないようでした。旅人が足を止めてよくよく見ると、木こりが使っているのこぎりの刃はボロボロ。旅人は木こりに声をかけました。

「木こりさん、精が出ますなぁ。でも作業はあまり進んでないみたいですね、いったん手を止めて、のこぎりの刃を研《と》いだらどうですか？」

木こりは答えます。

「旅人さん、何を言っているんだ。刃を研ぐ時間なんておいらにはないんだよ、木を切るのに忙しくてさ……」

旅人はあきれてその場を去りました。木こりは再び、手入れされたのこぎりならばものの5分で切れるはずの木を、丸一日かけて切り続けます。

本当にコミュニケーションが必要なのは、「成果が伴っていないとき」です。**思うように仕事が進まないからこそ、手を止めてメンテナンスする必要がある**のです。

「成果が出ない理由」を探る

「コミュニケーションをとる」といっても、ただやみくもに声をかければいいわけではありません。部下の成果が出ていないのには、必ずどこかに原因があります。その原因をあぶり出し、足りないものを見極めてアドバイスする。これがリーダーとしてのコミュニケーションです。

ある飲料販売会社には、「とにかく新製品を納入しなさい」という上層部からのプレッシャーがあり、現場の営業マンたちは「いかにして新製品を売るか」で頭がいっぱいでした。

しかし営業マンたちは店舗に出向くと、新製品の提案を突っぱねられて帰ってきます。課長が事情を尋ねると、店舗からは「おたくは毎回、『新製品、新製品』ってそればかり売り込んでくるけど、この前入れた新製品、全然売れていないよ。どうしてくれるんだ」と苦情が出たといいます。

「新製品を売る」という**「こちらの都合」で頭がいっぱいになるあまり、肝心な「店舗のニーズ」を忘れていた**のです。これでは営業活動がうまくいくはずもありません。

課長は「ここが、のこぎりの刃の研ぎどきだ」と考えました。

「みんな、『新製品を売らなきゃ』という焦りはいったん忘れよう。新製品の実力は、データを見る限りこのあたり。これより売れていて、扱ってもらえればもっと売れそうなのに欠品していたり、この新製品以下の実力の商品が店頭に並んでいたりといったことはないかな？　一度、整理してみよう」

全員が立ち止まってデータを洗い出すと、「売れるはずなのに店頭にない商品」「売れていないのに店頭でスペースをとっている商品」がたくさん出てきました。

「よし、これで『自分たちが何をすれば成果があがるか』が明確になったね。『欠品している優良銘柄』と『店頭に残っている不良銘柄』を入れ替えて、スペースが余ったら新製品を置いてもらおう」

課長のてこ入れが効き、このチームの業績は一気に上がりました。成果が伴っていないときに必要なのは、**「成果が出ない理由」を探るコミュニケーション**です。

「うちのチームはいつまでたっても成果が出ない」とこぼしながら、「忙しい」オーラを出して、部下を遠ざけてはいませんか。

ここが踏ん張りどころです。「成果が出ない理由」を慎重に探ってください。

36

部下に対し、
「この仕事を手伝ってくれないか」と
伝えるとき、
『仕事を押しつけてきた！』と
思われていないか不安です。
うまく頼む方法を教えてください。

頼りにしている部下ほど、失いやすい

ある運送会社に勤務する中堅社員は悩んでいました。

彼は優しく、頼まれるといやとは言えない性格。そのため上司から仕事がどんどん振られてきます。毎日残業続きで、疲れが抜けることはありません。彼はついに会社を辞めようと、上司に自分の気持ちを伝えました。

上司はそこで初めて、この部下に大きな負担をかけていたことに気づき、深く反省しました。

その部下が頼りになるあまり、つい毎回、仕事をお願いしてしまったのだと事情を正直に説明。今後は部下が抱えている仕事を把握したうえで余裕があったら依頼すると約束しました。

納得した部下は、会社を辞めるのを踏みとどまりました。

チームで仕事をしていくうえで、上司から部下に仕事を頼む場面はたくさん出てきます。そして、どうせ頼むならば仕事ができる部下にお願いしたいというのは当然の心理です。

仕事を頼める部下は、会社やチームにとって貴重な人財。その貴重な人財が、あまりの仕事量によってやる気を失ったり、疲弊感でメンタルを病んだり、退職したりという段になって後悔しても、もう遅いのです。

「仕事を押しつけてきた」と思われる3つのポイント

では、どのようなとき、人は「仕事を押しつけてきた」と感じるのか。次の3つに大別されます。

①自分の仕事の状態を把握しないままに、一方的に新たな仕事を頼まれたとき
②仕事の意味や目的を明確にせず、「いいからやればいいんだよ」と、まるで自分がロボットのように指示されたとき
③振られた仕事をやったところで、自分の担当範囲外の業務のために評価に結びつかないことが明白であり、「働き損」であることが見えているとき

①~③のうちどれかひとつでも当てはまれば、仕事を頼まれた人は「押しつけられ

た」という感覚を持ちます。

「部下の仕事状態を把握」したうえで、「明確な目的」と「明確な見返り」を伝えましょう。

冒頭で紹介した運送会社の上司は、同じ過ちを繰り返さないよう、部下の仕事の状況を把握するための面談を月１回、行うことにしました。

また、期首の目標面談では「イレギュラーな仕事へのサポート」も評価項目に入れ、手伝ってもらう際にはその仕事の目的をしっかり説明することにしました。「押しつけ感」を与える行動を改めたことで、この運送会社では気持ちよく手伝い合える風土ができ始めています。

「この仕事を手伝ってくれないか」と部下に頼むのは、何も悪いことではありません。３つのポイントに気をつけながら、堂々とお願いしましょう。

37

新米リーダーになりました。
でも、専門知識がないために
バカにされたり、
無視されたりしています。
私はどうしたらいいのでしょうか？

人材派遣会社の「ランスタッド」は２０１８年、「理想の上司／職場環境に関する調査」を行いました。

注目はその中の「理想の上司像」という項目です。

ビジネスパーソンの回答の第1位は「人として尊敬できる」（53・7％）、第2位は「決断力がある」（45・1％）、第3位は「視野が広い」（35・3％）。「プレーヤーとしての能力に秀でている」は第8位、12・5％にすぎません（複数回答）。

なぜ「突き上げ」を食らうのか？

部下は上司に、「プレイヤー」としての能力はさほど求めていないことがわかります。「専門知識がない」という理由だけで突き上げを食らうことはありませんし、「スキルの有無」で突き上げを食らうこともありません。

もしも突き上げを食らうリーダーがいるとするならば、それは「リーダー」としての仕事を果たしていないからです。

「リーダーとしての仕事」とは何か。

私は次の2つと考えます。

①進むべき方向を示す

②進むべき方向に組織を動かす

仮に「専門知識がないために突き上げを食らう」と感じているのなら、それは正確には「専門知識のなさゆえに自信がなく、あやふやな言動に終始して、リーダーとしての仕事の①②をともに果たせていないから」ではないでしょうか。

専門知識がなくても、スキルがなくても、チームが向かうべき方向を示すことはできますし、進むべき方向に組織を動かすこともできるからです。

素人リーダーが「専門家軍団」の意識を変えた

ある食品メーカーの営業所長は、生命保険業界からの転職組でした。

食品業界の知識に疎く、専門用語もチンプンカンプン。営業所員は最初「ど素人がいきなり営業所長になるなんて、大丈夫かよ……」と不安でしたが、所長は自らの行動で、所員たちを安心させていきました。

所長は「営業を勉強したいので、助手席に乗せてください」と、毎日所員たちに頼み込み、営業に同行しました。

クライアント先では、所員の営業を聞きながら必死にメモして勉強し、帰りの営業車の中では質問の嵐。答えに納得できなければさらにしつこく聞きます。そのおかげで所員たちは、自分たちが「わかったつもり」でいたことが、実は全然理解できていなかったことに気づきました。

所長は、会社の経営理念や行動指針についても、納得するまで何回も質問を繰り返しました。所員のひとりは当時を振り返り、こう語ります。

「所長と話していると、自分たちが営業するうえで大切にしなければいけないものは何かを思い出させてくれるような気がしました。所長に就任してから1年たっても、営業の細かな部分では自分たちのほうが凌駕していた。でも**『営業マンが何を大切にして行動するべきか』は、所長がいちばん理解していました**」

今のあなたに本当に必要なのは、細かな専門知識やスキルではありません。「進むべき方向」を部下に対してわかりやすく示し、その方向へチームを動かす力なのです。

38

浅井さんの話をお聞きし、
「部下に頼り、甘える」ことも
大切だと気づきました。
しかし一歩間違えると
『頼りない上司』と
とらえられるのではと思いました。

前項で「専門知識がないために部下から突き上げを食らうことはない」と述べました。しかし、「ならば専門知識なんて学ばなくてもいいのか」といえば、そうではありません。

2人の支店長の「違い」とは？

他部門から営業部門に異動になった、2人の支店長がいました。

ひとりの支店長は、自社の商品知識や営業のイロハを一生懸命学びつつ、着任早々の商談では商品知識に詳しい部下についてきてもらい、「相手の質問に困ったときはバトンタッチするのでよろしくお願いします」と部下を頼りました。「自分はまだまだ商品知識を覚えたて。覚えた内容を一生懸命話すばかりでは、相手の反応を読みとることができず、効果的な営業提案ができない。だから商品知識についてはサポートしてほしいんだ。私は今日、相手の反応を見る役に回る」。部下も納得して支店長を支えました。やがて支店長は、商品知識を習得。余裕を持って説明できるようになり、部下のサポートも不要となりました。

もうひとりの支店長もまた、「異動になったばかりで商品知識に疎くて……」と部下を頼りました。部下も快くサポートしました。しかし自社の商品知識や営業という仕事についても一切学ぶ気がなかった彼は、2年目になっても「私は他部門出身で、営業のことはわからないから……」の一点張り。部下もさすがに愛想が尽きて、支店長は求心力を失いました。その支店の業績はぐんぐん落ち、ついに彼は支店長から外されました。2人の支店長の違いは、「自分にできることを一生懸命やったうえで、部下を頼ったか」の1点です。

プレイヤーとしての力が劣るがために、部下から突き上げを食らうことはありません。部下を頼ったがために突き上げを食らうこともありません。

しかし、**自らを高める意欲を示さないリーダーは、突き上げを食らいます。**

この違いが重要です。

「リーダーに許されない甘え」とは?

さらに「甘え」という言葉も掘り下げて考えてみましょう。

甘えには2種類あります。「リーダーが積極的にすべき甘え」と「リーダーが決してしてはいけない甘え」です。

「リーダーが積極的にすべき甘え」とは、前述のとおり「部下の持っている力に頼る」こと。部下に上手に甘えられるリーダーは、組織全体に「助け合い」の空気を生み、結果として業績を上げていきます。

一方の「リーダーが決してしてはいけない甘え」。それは**「部下の責任に甘える」**ことです。

チームとして目標を達成できなかったときに、「自分は１００％がんばったんだけど、部下がふがいなくて……」という態度をとる上司のなんと多いことでしょうか。部下が成果を出せなかったのは、その部下を束ねる自分の責任です。その責任から逃げてはいけません。「ウチの部下は何回言ってもわからない」と嘆く上司がいますが、そんな暇があったら、相手がわかるような言い方を考えるべきです。

部下に責任を転嫁するのが、リーダーとして最悪な「甘え」です。

どのような上司が「頼りない」と思われるのか。

どのような「甘え」が許されないのか。

この２つを押さえておけば、「部下を頼ったがために信頼を失う」という事態は避けられます。部下にうまく甘えてください。

39

職場の若手社員の減少により、「若手社員同士を競わせる」ことができません。

「同僚」ではなく「市場」と競う

どの会社も採用が少なくなり、入社した社員の「よきライバル」として競わせたい人間が同じレイヤーにいない状況が多く生まれています。

しかし、社内にライバルがいないのは別に悪いことではありません。「社外」、つまり「市場」に目を向けるきっかけになるからです。

たしかに、近くに生身のライバルがいると燃えるもの。「こいつに負けまい」という踏ん張りも生まれます。

しかし、下手にライバルばかりを意識すると、「ライバルに勝った途端に成長が止まる」「ライバルに負けた途端にモチベーションを失う」といったリスクも大きくなります。

さらにお互いを「研鑽《けんさん》し合うよきライバル」ではなく、「業績を争う敵」と見なし、「自分のノウハウを同僚と共有したがらない」「同僚のいいところを認めない」という副作用が生まれることもあります。

社内ライバルの存在は「諸刃の剣」なのです。

保険会社で起きた「反発」

ある保険会社の福岡支店で起きた話です。東京支店から異動で、優秀な営業マンがやってきました。福岡支店の営業マンとは、提案書の質がまるで違う。そこで支店長は、「提案が通らなくて困っているメンバーのために、君の素晴らしい提案書を見せてあげてくれないか」とお願いしました。

すると彼は、「嫌です。なんで敵に塩を送らなければいけないんですか」と、きっぱり断りました。

この会社では福岡支店、東京支店に限らず、支店長は「隣の支店に負けるな」と社員を叱咤し、営業所長は「隣の営業所に負けるな」と吠え、営業員は「隣の営業員に負けてたまるか」と同僚をライバル視する。そんな空気が充満していました。そのため、ノウハウの共有や悩みごとの相談といった協力体制を築くのが難しい状況にあったのです。

しかし、支店長は考えました。万が一、この会社が倒産したとしたらどうなるか。救われるのは優秀な支店の優秀な営業員だけだろうか。

そんなことはありません。成績に関係なく社員全員が職を失い、家族とともに全員大変な状況に陥るはずです。そのときになって「ああ、会社が潰れないように協力し合えばよかった」と後悔しても、もう遅いのです。

支店長は、チーム全員を集め、訴えました。

「同僚は決して『敵』ではない。仲間だ。本当の『敵』は市場だ。社内ではお互いに協力して、市場での競争力を高めよう」

そして自ら、行動を変えました。メンバーの営業に積極的に同行し、お客さまの声を今まで以上に聞き、社内で共有したのです。**「メンバーにああしろ、こうしろと言うだけではだめだ。自ら『どうしたいのか』を示さないと」。**この思いを持って支店長は、オフィスから出て「市場」に身をさらし始めたのです。

チームは徐々に変わりました。意識が「社内」から「市場」へと向き始めたのです。

戦うべきは「隣の同僚」ではなく「市場」です。

社内で足の引っ張り合いをしている間に、他社に市場を奪われてしまっては意味がありません。採用が抑えられている今だからこそ、部下には「市場」への意識を徹底させましょう。

40

業務を部下に割り振る場面があります。
誰もがやりたくない仕事は
どう割り振ればいいのでしょうか？

ゴミ捨て当番や掃除当番といった誰もが嫌な「雑務」であれば、輪番制にして1週間ごとに交代するという単純な対策で回していけるでしょう。

ややこしいのが、仕事において「おいしい」「おいしくない」がはっきりと見えてしまっている場合です。

A企画とB企画があります。

A企画は楽しそうなうえに、成功すれば成果も大きい。

B企画は地味で大変なうえに実入りが少ないのがわかり切っている。それでも誰かがB企画をやらなければなりません。

誰にどうやってB企画を割り振るか。悩ましいところです。

このようなときに大切なのは、「なぜやらなければいけないのか」「やることによって会社にどのような意義があるか」を明確に伝えることです。

「俺は営業失格で、ここに飛ばされたんだ」

ある飲料販売会社には「調査チーム」と呼ばれる部署がありました。

仕事といえば「自動販売機に売り切れランプがついているかどうか」だけを調べる、

ただそれだけ。営業失格の烙印を押されたメンバーが集まる窓際チームでした。

チームには10人いましたが、特に担当地域の割り当てはなく、一日かけて大きな住宅地図を広げては、翌日回る地域のルートを作成。そのルートを回り終えると翌日にはまた、大きな住宅地図を広げてルート作成……。無味乾燥な仕事が毎日続いていました。

モチベーションなど上がるはずがありません。

新しく加入するメンバーも「ああ、どうせ俺は営業失格でここに飛ばされたんだ」とすさみ切った心からのスタートです。売り切れランプのチェックも、私服でこっそり。隠密のように調べています。自動販売機を置いている店のオーナーが「不審者か」といぶかしんで声をかけ、そこで初めて「いや、実は私、この飲料販売会社の社員で……」と名乗る始末。これでは仕事をしているのに、まるで悪いことをしているのが見つかったかのようです。

チームを変えた、リーダーの言葉

彼らの意識を一変させたのは、新しく着任した営業課長でした。

営業課長は「調査チーム」の仕事を、とても意義深いものだと感じていました。そしてその思いを、そのままチーム全員に伝えました。

「君たちが地道に売り切れ商品を調べてくれるおかげで、**『どの地域でどの商品が売れやすいのか』『どれだけ機会損失しているのか』がわかる。**この情報を一覧にできれば、より効率的な営業活動が可能になるはずなんだ――」

営業課長は担当している県を10のエリアに分け、調査チームのひとりひとりに「担当エリア」を与えました。さらに売り切れチェック時の服装は、それまでの私服から、会社のロゴが入ったシャツへと変更。それぞれが営業マンのように「担当店」を持って、名刺を渡しながら店頭の売り切れチェックも行うように変えました。これによって店のオーナーとの会話が生じ、自動販売機の売り切れチェックだけでは得られなかった貴重な情報も得られるようになりました。

それぞれが調査した内容は、エリア担当者の名を付し、売り切れの状況が一目でわかる一覧表にまとめ、営業マンに届けられます。

情報を受けとった営業マンは大喜び。売り切れによる機会損失でいかに大きな売上を逃していたかがはっきりと見えたからです。

現場の営業マンは「調査チーム」の情報をもとに、売り切れが出やすい商品は自動販売機内での配置を2列、3列に増やしたり、補充をきめ細やかに行ったりといった対策をとるようになりました。

ついに日本一に！

「『調査チーム』の仕事は意義深いものだ」。営業課長の信念は間違っていませんでした。

地道な調査に基づく効率的な営業活動が実を結び、彼がまとめていたチームは見事、日本一を獲得したのです。調査チームの面々も、「俺たちも会社の役に立っているんだ」という誇りをとり戻しました。

期末に行われる慰労パーティー。営業課長は成績のよかった営業員とともに、「好業績を縁の下で支えてくれたのは調査チームのみなさんです。さあ壇上に！」と、調査チームも壇に上げました。万雷の拍手の中、チームのみんなは照れくさそうに、しかし誇らしげに笑っていました。

たとえ地味で、誰もがやりたがらないような仕事であっても、その**仕事の意義を伝え、仕事を終えたときに感謝を伝える**ことができれば、モチベーションを高めることはできます。

「必要のない仕事」はありません。

リーダーであるあなたが、ひとつひとつの仕事の意義を理解し、その役割を担う人に、熱意を持って丁寧に説明するのです。

41

「結果ではなくプロセスを評価せよ」と浅井さんはおっしゃいます。しかしプロセスをほめても、成果が出なければ、部下のやる気を削ぐだけではないでしょうか？

そもそも「プロセス」とは何か

あなたは「プロセス」とは何だと思いますか？

「プロセス」とは「仕事で結果を出すために必要な行動」のことです。「結果」につながらない行動を「プロセス」とは呼びません。「結果」と「プロセス」を切り離して考えると、おかしなことになります。

プロ野球選手が朝早くから素振りをがんばっても、試合でヒットを打てなければ年俸は上がりません。このときコーチは「毎日、朝早くから素振りをがんばっているな！」と的外れな努力をほめるのではなく、ヒットが打てるようになる練習方法を教えてあげる必要があります。

つまり、プロセスを評価するためには、部下に「正しいプロセス」を踏ませなければいけません。

「正しいプロセス」を定めるには、リーダー自身が現場をよく観察し、業績を上げている部下とそうでない部下の「違い」を明確にするのが近道です。

ある住宅販売会社では、成績のいい部下と悪い部下の格差にリーダーが頭を悩ませていました。

なぜあの部下は面白いように家をポンポンと売るのか。なぜこの部下は1年間でわずかな物件しか売れないのか。リーダーが現場で3カ月間、各メンバーの商談を観察していると、業績を上げている部下とそうでない部下の商談内容に明確な違いがあることに気づきました。

「ナンバーワン営業マン」の商談はここが違った

家を買うには、「マンションか一戸建てか」「新築か中古か」「立地重視か価格重視か」など、さまざまな検討事項があります。

業績が一向にあがらないメンバーは商談で、その家の素晴らしさをすべて、満遍なく伝えていました。メリットを伝えるのは大切ですが、お客さまが特に重視していない事項まで長々と伝えてしまっては、ただの「自慢話」に聞こえてしまいます。商談の過程で嫌気が差し、「もういいや」と去ってしまうのです。

業績を上げているメンバーは、その家の素晴らしさをサーッと簡単に伝えながら、**お客さまの反応を見ています**。そして「耐震性の話をしたときに食いついたな」と察知すれば、その後はお客さまが最も興味を持っている「耐震性」に絞って、ピンポイントでプレゼンします。

意識を「自分が話すこと」に向けているのではなく、「相手が何を重要視しているのか」に向けているのです。

リーダーはこれこそが「正しいプロセス」だと確信しました。そこで「商談ではまず、お客さまが何を大切にしているかを見る」という項目を評価に盛り込み、メンバー全員で共有しました。

これ以降、商談に向けて口上を必死に暗記するようなメンバーはいなくなりました。そんなことをしても結果には結びつきませんし、評価もされないからです。

住宅販売会社の業績は、次第に上向いていきました。

部下の結果が出ず、成長を感じられないのなら、「プロセスの踏ませ方」に問題があります。結果を出すための「正しいプロセス」を洗い出し、共有して、改めてそのプロセスを部下に踏ませ直す必要があるのです。

42

ひとりひとりが考えた施策を
実施し続けることが、
業績アップや働きがいの向上に
つながると考えています。
しかし、部下の意見を引き出せていない
と感じています。

人には「考えるペース」がある

「意見を引き出せていない」と感じる原因はもちろん、「意見が出ない」ことにあります。リーダーが施策を説明し、「何か質問があるか？　自分はこういうことがやってみたいという意見はあるか？」と問いかけても、メンバーはみな一様にシーンとしている。このような場面が積み重なり、リーダーは「意見を引き出せていない」と思い悩むのです。

意見が出ないのは「部下に意欲や主体性がないから」ではありません。単純に**「考える時間」が足りない**からです。

大学生を相手に、「リーダーシップ」をテーマにグループディスカッションを行ったことがあります。

90分ほどのディスカッションでしたが、発言するメンバーは限られていました。私は正直、残念に思いました。

しかし授業の後、全員に書いてもらった感想文に目を通していると、私の落胆は一気に吹き飛んでいきました。

まったく意見を言わなかった学生が、用紙いっぱいに自分の考えや感想を書いていたのです。

おそらく、グループディスカッションのペースの中では、自分の意見を考える時間が足りなかったのでしょう。実際「人前で意見を言うことに慣れていなかったので、何を言えばいいのか考えているうちに時間が過ぎてしまった」という声も耳にしました。私は**「全員の意見をくみとろうとする工夫が足りなかった」**と反省しました。

「吸い上げたい意見」を明確にし、「考える間」を与える

多くの企業の会議で、これと似たようなことが起こっています。

会議の直前に分厚い資料が配られ、早口で説明される。終わった途端に「何かご質問はありますか?」と言われても考える余裕はなく、質問はほとんど出ない。

これが大人数の会議になると、「こんな質問をしてバカにされないだろうか」と心配になり、意見を言える人はごくわずかです。

私がコンサルタントとして関わっている企業では、会議で意見が出やすいように次の2点を工夫しました。

①会議の２週間前に資料を渡す。ディスカッションしたい議題については、「資料を読んでわかりにくいところ」「より効果的に施策を実行するアイデア、意見」「施策を実行するうえでの要望」「その他」と、考えてほしいポイントを示す。考える時間的な余裕を与え、意見をもって会議に参加してもらう。

②会議では、まず意見が出やすい小グループ（５〜６人）に分け、メンバーの意見を引き出すのに適したファシリテーターのもとでグループディスカッションする。意見を引き出したうえで、全体ディスカッションにうつる。

ひと手間かけることで、今まで発言をためらっていた多くのメンバーの意見が聞けるようになりました。ひとりひとりが考えたことを実行できれば、「自分ごと」としてとり組みやすくなり、働きがいの向上にもつながります。

先ほどの２点を参考に、意見が出やすい状況をつくってください。

43

組織がぐちゃぐちゃの状態で
引き渡されたのに
「成果を出せ」と言われることに
納得できません。

心にしみた先輩の「ひと言」

私は転勤族でした。この質問を読み、業績が低迷しているチームを任されたときのことを思い出します。さぞかし苦しいことでしょう。

「成果が出ていないチーム」を「成果を出すチーム」に変えるのがリーダーの仕事なのだと言われても、「成果が出ているチーム」で成果を出すほうがはるかに楽です。「貧乏くじを引いた」と嘆きたくなる気持ちもわかります。

業績が低迷しているチームを任されて落胆しているとき、信頼している先輩がこんな言葉をかけてくれました。

「浅井、考えてみろ。成果が出ているチームを任されたのに、自分がリーダーになった途端どんどん業績が落ちていくのも、それはそれでつらいぞ。でも、成果が出ていないぐちゃぐちゃのチームを任されたら、ちょっと成果を出しただけでも『さすが浅井』とほめてもらえる。これはラッキーなことじゃないか」

たしかにそうだと感じました。先輩は言葉を続けます。

「ぐちゃぐちゃの状態を立て直すことができれば、いい経験になる。でも、焦って何かを施せば成果が出るようになるというものでもない。立て直しには時間がかかる。まずは『何がぐちゃぐちゃなために成果を出せないのか』をしっかり観察して整理し、対策を練ることに専念したらどうだ」

私は先輩の言葉で、前向きになることができました。

質問をしてくれた方にも、先輩のアドバイスをそのまま贈ります。

ぐちゃぐちゃ状態を整理し、成果をあげる「4ステップ」

私は先輩の言葉を受け、「何がぐちゃぐちゃなために成果を出せないのか」を、次の4ステップで整理することにしました。

① チーム全体の業績ではなく、個人の業績を見て、差が生まれる原因を分析する

チーム全体としては成果を出せていなくても、チーム内の個々の業績を見ていくと、個人としては成果を出せている人がいます。チーム内で「成果を出せている人」と「いない人」の仕事内容の差に着目しました。

すると、成果を出せていない人は、成果を出せている人に比べて「クライアントに

信頼されていない」ことがわかりました。

なぜ信頼されていないのか。業績が悪いために、自社商品を売り込むことに必死で、クライアントのニーズを聞いていなかったからです。

私が直接、クライアントに出向くと、その違いは顕著でした。成果が出ている部下のクライアントは「信頼しています」とほめてくれたのに、成果が出ていない部下のクライアントからは、「あなたの部下は、自分のやってもらいたいことばかり口にする」と小言をいただいたのです。「成果を出せている人」と「いない人」の差を教えてくれるのは、クライアントの率直な声です。

② ①で見つけた「差」をなくす仕組みをつくる

クライアントのニーズを聞けているかどうか。それが「成果を出せている人」と「いない人」の差でした。

私は毎朝のショートミーティングで「今日訪問するクライアントのニーズは何か」をひとりひとりの営業マンに確認するようにしました。

加えて、クライアントごとに作成するクライアント帳に「クライアントのニーズ」

という欄を設け、営業マンがニーズを把握できているかどうかを見える化しました。

③　②でつくった仕組みに沿って、どのような提案をするか、どのような営業活動をするか、具体的な活動プランを考えさせる

どうすればクライアントのニーズに応えられるか、具体的な行動に落とし込んでいきます。考えが及ばない営業マンにはヒントを与えて、活動プランをつくります。

④　③でつくった活動プランに沿って、順調に遂行できているか、どこかで行き詰まっているか、定期的に進捗を共有する

「できている」「できていない」をチェックするだけでなく、「できていないこと」を「できる」ようにするにはどうすればいいかを話し合います。

ＰＤＣＡの「Ｃ」にあたる部分です。この「Ｃ」は、「チェック」の「Ｃ」であるとともに、「ケア」のＣだと私は考えています。部下が自分で活動プランを遂行できるまで寄り添い、ケアをする姿勢が大切です。

不遇を嘆いて終わるか、自ら道を切り開くか

ぐちゃぐちゃのチームを任されて、「貧乏くじを引いた」とグチをこぼしながら任期を終えるのと、ぐちゃぐちゃのチームを少しでもいい状態にして任期を終えるのとでは、その後のリーダー人生は大きく変わってきます。

ぐちゃぐちゃのチームで少しでも成果を出せれば、今度こそ「成果が出ているチーム」を任されるかもしれません。望みどおりのチームを任されてどう成果を伸ばすか。さらに高いステージでリーダーとしての腕が試されます。

今や、新卒入社から定年退職までをひとつの会社で過ごすことは珍しくなりました。いつでも市場に自分の価値を問える時代です。

そう考えれば、ぐちゃぐちゃなチームを任されることは、**お金をもらいながら「自分のマネジメント力を磨き、市場価値を高める機会」をもらっている**ようなもの。実は大きなチャンスでもあるのです。

第5章

組織を変える

「どうせうちの会社はダメだ」と諦めるのではなく、
知恵を絞り、周囲を巻き込み、
会社に堂々と働きかけているか

44

上司のえこひいきがひどい。
気に入っている人とそうでない人とで
明らかに態度が違います。
とても不快です。
やめさせることはできないでしょうか？

えこひいきはされないほうがいい

ある教材販売会社の課長は一時期、部長からのえこひいきを受け続けていました。

しかしある日、その部長が権力闘争に敗れて失脚。これまでとは一転、かねて課長を苦々しく思っていた部長の下につくことになりました。

その後の課長の評価はご想像のとおりです。評価表を見た瞬間、「えっ」と固まるような評価を受け続けることになりました。

課長は気づきました。**「えこひいきをされていた人は、その庇護がなくなった途端、等身大の自分を突きつけられるのだ」**と。

「何くそ」。課長は新たな上司に自分の実力を認めさせようと奮闘しました。

えこひいきされている人を「7の実力しかないのに10の評価を受けている状態」、ひいきされていない人を「10の実力なのに7の評価しか受けていない状態」と定義しましょう。

評価されるべき人が正当な評価を受けていないのは実に残念なことです。

しかし、**将来的に危険なのは、えこひいきされている人**です。えこひいきしてくれている上司がそのまま、自分の定年まで上司でい続けてくれるなんてことはあり得ません。7の実力しかないのに、えこひいきによって10の評価を受けている人は、上司が代わった途端、「実力7」の自分を突きつけられます。10を期待している上司の前で、7の実力しか発揮できない。評価はだだ下がりでしょう。本物の実力でなければ早晩、メッキが剥《は》がれます。

ならば、ひいきされていないことは、「自分に磨きをかける大きなチャンス」なのです。どんなに実力を高めても10の評価が与えられないのですから、あぐらをかく余裕はありません。ひたすら自分を磨き、精進し続けるしかない。その間にますます実力がつき、市場価値も高まります。どうしてもひいきに許せなくなったら、そこで転職してしまえばいいのです。

本当に我慢ができなくなったら

もしあなたが、こうした「気の持ちよう」で我慢できないくらいに追い詰められているようなら、上司に公然と訴えるのもひとつの手です。

先の例に挙げた課長のように、「評価の甘辛」にまでえこひいきが及ぶ場合、給料や出世にダイレクトに響きます。「今に見てろ」とがんばり続けるのも、容易ではありません。

上司に好かれるために会社に来ている人はいません。誰しも、自分の暮らしを立てるために会社に来ているのです。上司のえこひいきが評価に影響し、実入りに響いているならば、事実をもとに、上司に説明を求めます。

「私も仕事で会社に来ている。これだけの活動を実践しているのに5段階評価で2は納得できない。何が足りないのか、『上司のフィードバックコメント』として具体的に記してほしい」

説明を口頭ではなく書面で求め、証拠を残す姿勢を見せると、効果が高まります。

上司に「このままではまずい」と思わせる知恵を働かせましょう。

負け癖がついた組織を任されて、
困っている。

部署として何年も連続で目標未達が続いていると、「どうせ自分たちは何をやっても目標を達成できないんだ」「そもそも目標が高すぎるんだ。達成できるわけがない」「目標を達成できなくてもクビにはならないだろうから、まあ例年どおり適当にやろう」と、部署全体の意欲が下がってくる恐れがあります。いわゆる「負け癖」がついてしまっている状態です。

負け癖の正体をつかむ

あなたは目標未達の理由をつかめていますか。

ここで重要なのは、**「目標が達成できない理由」を精査する**ことです。

メンバーひとりひとりのパフォーマンスを高めれば達成できそうならば、もちろんそのためのプロセスを改めて踏ませればいい。しかしもしも、会社が設定している目標そのものが高すぎるようならば、リーダーは「見た目ほど負けてはいない」ことをメンバーに説明する必要があります。

ある食品メーカーの評価指標は、売上ではなく「店頭シェア」でした。

店頭シェアは、地域差がもろに出ます。どちらかといえば、土地代が高く、売り場面積が狭い都会のほうが、大きなシェアを獲得しやすい。一方で売り場面積の広い地方のお店では、棚一面にいろいろな食品メーカーの食材をバーッと並べますから、自社のシェアは低くなりやすいという事情がありました。

それでも会社からの指示は、地域差に関係なく一様に「シェア○%獲得を目指せ！」と来る。地方のとあるエリアを任されていた課長は、悩んでいました。都会に比べればどう考えても不利な目標設定の中で、部下たちも「どうせ自分たちは目標を達成できない」と、はじめから諦めていました。

「現状」を正しく説明する

これはいけない。課長は本社の幹部に「地域差を考慮してくれ」と申し出ましたが、受け入れられませんでした。

そこでどうしたか。いかに自分たちが不利な環境なのかを分析したうえで、部下たちに「お前たちは不利な環境で戦っている。全国平均が10のところを、うちは6しか達成できていない。しかし全国の環境を同じにしたら、お前たちは15に匹敵する成果をあげているんだ。負けてなんていない。お前たちは日本一だ」と、自分たちの成果を正しく説明したのです。

説明を受けたメンバーたちは変わりました。

「会社の目標を達成するのに不利な環境で、無理にその目標を達成しようとしても、現実との齟齬《そご》が生まれる。ならば、目の前のクライアントのニーズにとことん応えよう」とメンバー自ら提案。「シェアの獲得」より「クライアントの売上第一」に方針を定め直したのです。

「シェア重視」で売り場に広々といろいろな商品を並べてもらっても、売れないものは売れない。売れ残りを放置していたら、お店の信用を失ってしまう。それならば、来店客のニーズに沿った品揃えに変え、商品を絞る。空いたスペースには、売れ筋商品を手厚く置こう。――この結果、「シェア」という会社の目標を達成することはできませんでしたが、クライアントの売上は大きく伸び、彼らは「クライアントからの信頼」という営業活動で何より大切なものを得ることができたのでした。

現状を正しく認識し、説明責任を果たす。

するとメンバーに、「現状の中で最善の策を講じるにはどうすればいいか」という前向きなマインドが生まれます。

46

恒常的に残業があります。
上から「残業を減らせ」と
指示が来ましたが、
業務に支障をきたしそうです。
成果を維持する残業を
どうお考えでしょうか？

あなたの抱える悩みは、今、ありとあらゆる現場で起こっていることです。上と下との板挟みになっている状況、お察しします。

本題に入る前に、残業と成果の関係についてお話しします。

成果には「短期的成果」と「長期的成果」があり、**残業は「短期的成果」を得るための緊急手段**です。

つまり「恒常的な残業」は決して「長期的成果を得るためのもの」ではなく「切羽詰まった短期的成果を出すためのイレギュラーなもの」にすぎないのです。そのような働き方・働かせ方を続けていると、確実にチームは潰れます。メンバーの疲労感が増して効率が落ちるか、過労やメンタルを病んで倒れるメンバーが出るかのいずれかでしょう。

「無駄な仕事」を減らす

私がコンサルティングに入っている金融機関も、かつては恒常的な残業によって業績を維持し続けていました。これはいけない。現場を見た私は改革するために、次の３つの目標を達成しながら、かつ業績を維持しようと呼びかけました。

①メンタル不調者の低減
②離職率の低減
③残業の低減

業績を堅持しながら①〜③を達成する。「そんなことは無理だ」と思われるかもしれませんが、決して不可能なことではありません。

現にこの金融機関は今、見事に両立しています。「業績を維持するためには、少々無理な働き方でも我慢しなければならない」「業績を維持するためには、残業が増えるのも仕方ない」という固定観念は捨てましょう。

「業績を維持しつつ、負担を減らす」働き方をこの金融機関が実現できたのは、**「無駄な仕事」を徹底して減らした**からです。

「職場には4割の無駄がある」といわれます。

無駄な報告、意味のない会議、必要以上の文書作成、非効率な働き方……。重要事項の実行を妨げる最大の原因は、日々、竜巻のように吹き荒れる無駄な日常業務にあります。これらの無駄をすべて省くことができれば、「これまでの6割の力」で「これまでどおりの業績」を維持することができます。

「誰も読んでいない資料」があった

例をひとつ挙げましょう。

この金融機関の営業サポートチームは、毎日夜遅くまで、営業マンが営業活動を円滑に進められるよう綿密な資料をつくっていました。

チームリーダーは「削減できる無駄」がないかを探るため、メンバーに問いかけました。

「何のためにその資料をつくっているの？」

メンバーは答えます。

「営業マンたちが効果的に営業できるようにするためです」

チームリーダーはさらに問いかけます。

「本当に営業マンの役に立っているのかな？」

「立っている……と思います。たぶん」

「役に立っている確証がないのは不安だね。**営業マンに直接、確認してみようよ**」

いざ確認してみると、結果は散々なものでした。

毎月配られる、営業サポートチームによる50ページの資料。配られた後は、営業マンの机の書類の山の中に埋もれていたり、読まれることのないまま引き出しの底にしまわれたりしていることがほとんどだったのです。

もちろん、資料を読んでいる営業マンもいました。

しかしそんな彼も、「50ページ全部は毎日読んでいないけど、この3ページだけはとても役に立っている」と答えます。

50ページの資料が8ページに！

毎日の努力は何だったのか……と悲しくなりますが、「無駄を発見できてよかった」ととらえることもできます。

その後、営業サポートチームは「営業マンが本当に役立てている3ページ」をもとに、よりわかりやすい資料をつくることにしました。

完成した資料は8ページ。50ページの資料作成が、たったの8ページまで減ったのです。負担は50分の8に減り、営業サポートチームの残業はなくなりました。

質問41でお話しした、仕事で結果を出すために必要な「プロセス」。「プロセス」に紐づかない仕事はすべて、無駄です。

あなたの職場に、**結果を出すためのどんなプロセスにも紐づかず、ただ昔からの慣例や思いつきでなんとなく行われている仕事はないでしょうか。**ルーティーンで行われている業務は、すべて「プロセス」に紐づいたものでしょうか。

そうした仕事をあぶり出すことが、成果を維持したまま残業を減らすための第一歩です。

47

失敗が許されない風潮の中、
いかに失敗を許容すれば
いいのでしょうか？

日本企業がグローバル競争で弱いのはなぜか

「失敗しても私が責任を持つ」なんてセリフをドラマではよく耳にしますが、部下の失敗の責任を個人としてすべて負う覚悟を持てるリーダーは、現実にはほとんどいません。ほとんどの日本企業に「失敗を許さない風潮」がまん延し、リーダーたちは「失敗しないように、失敗しないように」と意思決定をします。

しかしその風潮こそが、グローバルな競争において日本企業が後れをとる原因となっています。慎重に慎重を期して意思決定を下そうとするばかりに、その**決定が「遅すぎる」**のです。

日本企業の海外法人には、現地の責任者として交渉に臨んでいるにもかかわらず、日本本社から「先走ったことをするな」と叱られるのを恐れ、「持ち帰って本社の上席と検討させていただきます」とその場での意思決定を避けるリーダーが多くいます。

一方、海外の企業は、「どの程度の案件だったら現地で決定していいか」という権限委譲の基準が明確にできています。そのために意思決定が速い。だから日本企業は海外企業に先を越されるのです。

とある日本企業の現地責任者は「本社からは、責任を持って組織をリードしろと言われている。聞こえはいいが、まるで『現地で何か失敗が起きたらすべてお前の責任だからな』と脅されているようだ」と嘆きます。これでは石橋を叩きに叩いた安全策をとるのも無理はありません。

失敗の責任を「個人」に押しつけようとするから、「失敗したらどうしよう」「失敗したくない」と動けなくなるのです。

ならばどうするか。チャレンジングな案件における**責任の所在を「個人」ではなく「組織」に置く**のです。

「個人」で立ち向かうから、判断を誤る

ある自動車メーカーは、シビアな交渉を効率よく進めるために、営業マンとその上司、開発チームを交えて定期的に、これから営業がアタックする案件について「呑める条件の上限・下限、納期等」の情報交換をしています。そして交渉当日には、条件の幅を超えそうな場合には電話のやりとりで迅速に決断し、なるべく持ち帰らなくてすむ体制を整えています。

特にB　to　Bの案件では、会社と会社が複数の取引でつながっていることも多くあります。「この案件ではこちらが不利だが、あの案件ではこちらが有利。持ちつ持たれつだから、少々の無理は呑んでいい」という決断を下すこともあるのです。

そのような複雑な状況下において、責任を「個人」に預けていては、判断を誤ります。「こんな条件で合意したら本社から叱られる」と断った案件が、実は「持ちつ持たれつの関係維持のために引き受けるべき案件だった。断ったことで両社の関係にひびが入った」なんてこともあるからです。

「責任は俺がとる。好きにやれ」はもはや昔の話です。企業活動で起きた失敗の責任を個人でとる時代は終わりました。あなた自身の裁量で「失敗を許容し、責任をとる」のではなく、**チーム（会社）全体で許容できる失敗を判断し、迅速に決断する体制づくりが求められています。**

これこそが「失敗が許されない風潮」を打破するカギです。

48

隣の部署のリーダーが
パワハラ丸出しです。
毎日、部下に対して暴言の嵐。
やめさせる方法を教えてください。

パワハラは企業を滅ぼす

私が聞いた話で最もショッキングだったのは、パワハラを受けた部下が自殺に追い込まれたケースです。

部下が失敗すると、リーダーはほかの人の前で公然とその部下の人格を否定し、ののしり、無能呼ばわりし続ける。結果、最悪の結末を迎えたのでした。

さらに愕然としたのは、その後の会社の対応です。リーダーの責任は不問。それどころかしばらくすると、リーダーは一段上の役職に出世していきました。

その会社は業績的には優良企業でしたから、採用でもコンスタントに人材を採ることができ、好調をキープしていました。しかし一方で、メンタルの不調を起こし辞めていく人も多くいました。引き続き行われるリーダーのパワハラにも、周りは見て見ぬふり。同調して失敗した人をバカにする人までいました。

次第に、会社を辞めていった人たちが恨みつらみをインターネット上で喧伝《けんでん》するようになり、一気に「ブラック企業」の悪評が立ち始めました。だんだんと採用面でも見込みの人員が採れなくなり、現在、業績もじわじわと低下しています。

「間接的に」やめさせる

パワハラを行うリーダーに改めるように言う。これはたとえあなたが直属の部下でなく「隣の部署のリーダー」であっても、恐ろしいものです。「自分が被害を受けているわけではない。だからわざわざ自分から事を荒立てることはない」。そんな考えがよぎるのも仕方のないことです。

しかしここで見て見ぬふりをすれば、前述の会社のように「パワハラを野放しにする企業風土」ができていきます。今はよくても、会社としての信用はだんだんと落ちていき、それに伴って業績も落ちていくことでしょう。

パワハラはまさに、経営における**「会社全体の重要課題」**なのです。見て見ぬふりをしていればやり過ごせるような軽い問題ではありません。放っておけば、いずれ会社そのものを滅ぼしかねないのです。

ただ、「見て見ぬふりをせずに行動を起こせ。報復を恐れずにパワハラ上司を告発しろ」と言われても、なかなか難しいものがあります。

私が講師を務めるビジネススクールで「隣の部署のリーダーのパワハラ丸出しの言

動を止めるべく、自ら行動に移せますか？」と問いかけると、ほとんどの人が「無理だ」「躊躇《ちゅうちょ》する」と答えました。「あの人の部下はかわいそうだ」「あいつの言動はひどい」と陰で話はするものの、その問題を自らが動いて正せるかといえば、現実的には非常に難しいです。

しかし「パワハラを防止すべく、会社に対して『健全なコミュニケーションスキルを学び、メンバーとの信頼関係を強固にしたい。部下育成の質を高めたい。そのための学びの機会を設けてほしい』と提案することはできますか？」と問いかけると、ほとんどの人が「それならできます」と答えます。

パワハラ文化を解消するために**「正しいコミュニケーションのとり方を学ぶ場」を外部（研修・セミナー）に求め、その輪を広げていく**ということならば、比較的低いリスクで行動を起こせます。

隣の部署で起きているパワハラに問題意識を感じるあなたの姿勢は素晴らしいです。そこで「見て見ぬふりをして終わらせる」か、「自分に矛先が向かない形であっても、一歩を踏み出す」か。大きな分かれ道です。

部下が「ワーク・ライフ・バランス」を
盾に仕事を疎かにしています。
出勤は定時の数分後。
そのくせ昼休みは規定以上とる。
もう数カ月続いています。

その場で即座に手を打つ

ご質問にある部下の行動は「ワーク・ライフ・バランス」の域をはるかに超えています。出勤時間や休憩時間を守らないのは、単なる就業規則違反です。

このような部下を数カ月も放置しているのはリーダーとしての怠慢であり、もしも部下の問題が大きくなったとき、「だってリーダーからは数カ月、何の注意もなかったんですよ？　だからＯＫなのかと思っていました」なんて弁明をされでもしたら、リーダーであるあなた自身の管理責任が間違いなく問われます。

最初のアプローチは、**出勤時間に遅れてきたその場で、即座に行う**必要があります。

ただし、「なぜ遅刻したんだ！」「仕事への意識が足りないんじゃないか！」と頭ごなしに叱っては、今のご時世では「パワハラだ」と訴えられかねません。仮にそこまで事が大きくならなかったとしても、後々の関係にしこりを残すのは確実です。何より相手に「遅刻してはいけないんだ」ということを理解させ、行動を自ら改めさせるという本来の目的を達成することができません。

遅刻や休憩時間に関する指導は、「会社のルール」として発信されている就業規則に沿って、「この項目に違反しているでしょう」と示しながら、堂々と、そして粛々と行います。

まずは**「遅れてきた理由」を尋ね、そのやりとりを書面に残します。**

仮に遅刻の理由が、公共交通機関の遅れや事故、体調不良ではなく、「寝坊した」「目覚ましが鳴らなかった」「二日酔い」など本人の生活習慣によるものだった場合は、その生活習慣の乱れを直し、遅刻しないよう指導します。

万が一、指導したにもかかわらず、さほど期間を空けずにまた遅刻してきた場合は、本人に「再発防止策」を語らせ、それも書面に残します。そして「遅刻は就業規則違反である。もしも次に遅刻をしたら、上司としてではなく、会社としてしかるべき対応をとることになる」と忠告します。

部下が遅刻を重ねたら、上司として「かばい切れなくなる」ことを告げるのです。

過ちの芽は小さいうちに摘む

部下の悪い行動を「悪い」と注意できないのは、上司の甘えです。

上司の甘えは、部下の甘えを助長します。

横領や不正経理などの不祥事が発覚して懲戒解雇に至った事例を私たちはよくニュースで目にします。そのほとんどが、「このくらいならいいか」という小さな甘えでした。**過ちの芽を小さいうちに摘んでおくことが、その部下の将来を守ることにもつながります。**

たったひとりのよからぬ行為をルーズに見逃せば、チームや会社全体に大きな影響を与えることにもなりかねません。

部下の度重なる就業規則違反には、会社全体の問題として、迅速かつきめ細やかに対応することが重要です。

どんなに忙しくても仕事の手を止め、最優先課題として対応し、対応内容を細かく記録に残す。そして会社として記録を共有する。「上司」対「部下」でなく、「会社」という組織として対応をすることが求められます。

50

部下や仲間のために
できるだけのことをしたいと
思っていますが、
「会社のために」という気持ちには
なれません。
私はおかしいのでしょうか？

「部下や仲間のためにできるだけのことをしたい」と思えるリーダーはなかなかいません。あなたは本当に素晴らしいリーダーです。仕事で行き詰まったときに相談できたり、人間関係の悩みを話せたりするリーダーが職場にいるのは、部下や仲間にとっては心強いものです。

なぜ会社への忠誠心を失ってしまうのか

さて、あなたが会社への忠誠心を失ってしまったのはなぜなのでしょうか。

「会社のために」という気持ちになれない――。

実はある課長が、あなたとまったく同じ相談をしてきたことがあります。

「部長は部下の声に耳を傾けてくれない。本気でお客さまのことを考えていない。仕事に使命感を持っていないように感じる。なぜ会社は、こんな人を部長に据えているのか。そう考えたら、どんどんやる気が失せちゃって」

彼が抱えていたのは**「上司」に対する不満**でした。

「会社のためにという気持ちになれない」は「上司のためにという気持ちになれない」と同義だったのです。

自分ひとりで上司の姿勢を変えるのは難しい

私はコンサルタントとしていろいろな会社と関わる中で、実に多くの上司を見てきました。

世の中には、真に会社の将来を考えて行動し、部下を育成し、自らも誠実にお客さまに向き合う素晴らしい上司がたくさんいます。しかしその一方で、お世辞にも素晴らしいとはいえない上司もたくさんいます。

自分の功績を実際以上にアピールするのがうまい人。

上司にとり入るのがうまい人。

年功序列の制度に乗り、ただ長く務めているだけでそれなりに昇進している人。

親会社で出世が見込めず、子会社に天下ってきてポストに就き、あぐらをかいて怠惰な仕事ぶりに終始する人。

このような人々が「上司」としてのさばっている会社が、残念ながらたくさんあります。

上司の「仕事に向き合う姿勢」を、自分ひとりの力で変えるのは極めて難しいことだといえます。いくらがんばっても、リーダーひとりの力では上司は変わりません。それなのに孤軍奮闘していては、リーダー自身のモチベーションが落ちてしまいます。ふがいない上司のせいで自分自身の会社人生まで色褪《あ》せたものにしてしまうのは、あまりにももったいない。

この本を通じてお伝えしてきたことを、ここでもう一度お話しします。「リーダー個人」ではなく**「組織」として対応し、上司を変える**のです。

「部下の悩みを聞かない上司」を変える

人生の中でとてつもなく長い時間を過ごす会社。できれば会社人生も、やりがいのあるものにしたい。そのためにどうしたらよいか。ふがいない上司を交えディスカッションしてみましょう。

ある通信会社のひとつのセクションは、ディスカッションで「課員全員が明るく、お互いを助け合える、働きやすい職場にしよう！」という合い言葉を決め、そのために何を実行するか、具体的な行動計画を立てました。

行動計画の目玉は、月2回行われる、「メンバーの悩みや課題を共有し、相互連携の具体的な行動強化を図る」ための座談会です。

「相互連携強化会」と名づけられたこの座談会には、「ふがいない上司」である部長にも参加してもらうことにしました。「相互連携強化会」の中でメンバーは、部長に悩みを相談し、アドバイスをもらいます。

ふだんから「部下の悩みを聞こうとしない」ともっぱらの評判だった部長。その部長を「相互連携強化会」を理由に、**「部下の悩みを聞かざるを得ない場」に無理やり巻き込んだ**のです。

部下の悩みと部長のフィードバックは、シートにまとめ、さらに上席の役員に提出するようにします。これで部長には「逃げ場」がなくなりました。メンバーの悩み相談を適当にあしらっては、そのやりとりをそのままシートに記録され、上司である役員にチェックされてしまうからです。

それまで部下の悩みに無関心だった部長は、メンバーの悩みを真摯に聞き、アドバイスするように変わっていきました。

「部下や仲間のためにはできるだけのことをしたい」

その気持ちがあるのであれば、部下や仲間の力を借りて、現状を少しずつ変えていきましょう。

まずは「どのような職場にしたいか」を忌憚《きたん》なく話し合うことから始め、続いて上司を巻き込んで「部下の声に耳を傾けざるを得ない状況」をつくっていくのです。

おわりに
ひとりで抱え込まないでください

セミナーやコンサルティング、座談会などで私に「本当に悩んでいること」を明かしてくれた、1万人を超えるリーダーたち。自分の弱さをさらけ出し、真剣に、正直に悩みを打ち明けてくださったみなさまに心よりお礼申し上げます。

悩みを打ち明けてくださったみなさんは、町工場の社長、大きな企業の部長や課長、後を継いで間がない二代目社長もいれば、リーダーになったばかりの希望に燃えた若者もいます。

リーダーたちのプロフィールは実にバラエティーに富んでいます。

しかし、多種多様なプロフィールのリーダーたちから寄せられた1万を超える悩みは、煎じ詰めれば「50」にまで絞り込むことができました。企業規模や創業年数、業種に関係なく、リーダーたちはみな、同じような悩みを抱えています。

チームの業績が上がらなかったり、チームに問題が起きたりするのは、あなたの能力が低いからではありません。どんな会社のどんなチームにも同じように問題は起き、業績が思うように上がらず、リーダーたちは頭を悩ませているのです。

だからこそ、これから心がけていただきたいことがあります。


どうか、悩みをひとりで抱え込まないでください。


1万人のリーダーたちと同じように、悩みを誰かに明かし、助けを求めてください。できれば、隣の部署のリーダーや自分のチームのメンバーなど、社内の仲間に、積極的に相談してみてください。

その行動が、社内に「助け合い」の文化を生むきっかけになります。そして「助け合い」の文化は、厳しい市場環境を生き抜くための大きな力になります。

「助け合え」と言われても、人はなかなか動きません。「誰が何に困っているかもわからない状態で、ましてや助け合いの職場風土がない中でひと肌脱いで行動できる人は極めて稀です。

しかし、「こういうことに悩んでいます。あなたが頼りなんです。相談にのっていただけないでしょうか」と真剣に頼めば、多くの人は頼りにされて悪い気はしません。せっかく自分を信じて頼ってきてくれたのだから、なんとか助けてあげたいと、現実に多くの人が動いてくれたのを見てきました。「目の前の人が困っていたら助けてあげたい」というDNAが、私たち人間には組み込まれているのです。

「ひとりの知恵」を「みんなの知恵」に

今から数万年前。地球上の哺乳綱霊長目ヒト科ヒト属は、「ネアンデルタール人」と、私たちの祖先である「ホモ・サピエンス」の2種にまで淘汰されました。どちらかが地球上で生き残り、どちらかがある理由で絶滅していきました。

ネアンデルタール人のほうがホモ・サピエンスより知能が優れ、体格も1・3倍ほど大きく、屈強だったといわれます。しかし地球に起こった激しい気候変動の末、生き残ったのはネアンデルタール人よりも脆弱《ぜいじゃく》なホモ・サピエンスでした。

なぜか。ネアンデルタール人は、自分たちが屈強であるがゆえの過信から、多くて5人程度の集団しか形成しなかったと考えられています。単独か少人数で狩猟に出かけ傷つき絶滅の道を突き進んでいったのです。

一方のホモ・サピエンスは、自分たちがネアンデルタール人に比べて脆弱であるがゆえにその弱さを補うため、集団を形成し、生きるために知恵を出し合ったのです。2000人規模の集団を形成し暮らしていたとされる遺跡が発掘されています。「ひとりの知恵」を共有して「みんなの知恵」とし、生存する可能性を極限まで高め合ったホモ・サピエンスは、今日まで生き延びることができたのです。

私たちの祖先は、絶滅の危機を「助け合い」によって乗り切りました。これは決して、きれいごとを言っているのではありません。助け合うことが、生き延びるための唯一の道だったのです。

時は流れ、2020年代に入っていきます。

「人類滅亡の危機」こそまだ訪れてはいませんが、ビジネスにおける市場環境は厳しく、ますます競争が激化しています。自社が市場から淘汰されることを「絶滅」にたとえるのであれば、今まさに、絶滅の危機に瀕している会社が数多くあります。

しかし恐れることはありません。助け合うことによって大きな危機を乗り越えられることを、私たちは知っているからです。

悩みをさらけ出し、助けを求めることは「弱さ」ではありません。自分の属する集団の生存可能性を高める、勇気ある行動です。

最後に、母の話をさせてください。病弱な母は、深夜遅くまで洋裁の仕事で身を粉にして働き、命がけで私を育ててくれました。

勉強はからっきしダメで、猫背でいつも爪をがじがじ噛んで、いつも母の後ろに隠れておどおどしていた私を、母は「この子が私の一番の宝ものなんです」と人に紹介し、手塩にかけて育ててくれました。

「はじめに」でもお話ししましたが、リーダーに抜擢され、はじめて部下を持つ身になった私は、会社を辞めようかと思うほど精神的に追いつめられていました。

そんな私を救ってくれたのは、母からの一通の手紙でした。

「リーダーの仕事は、あなたの優秀さを見せつけることではないのよ。あなたがやることは、部下になっていただくみなさんひとりひとりの優秀なところを見て、力をあわせて助け合えるチームを作ることなのよ」

「バカはバカなりに、自分にできることでいいから、一生懸命やろう。そして、わからないことは部下に素直に頼ろう」。そんな覚悟を決めた瞬間でした。

これが、私のリーダー人生の原点です。あなたの大切な人生の多くを過ごす職場。どうか、ともに働く仲間を信じ、そして助け合ってください。

本書をきっかけに、あなたのチーム内、そして社内に「助け合い」の輪が広がることと、そして読者のみなさまのご活躍を心より応援しています。

私は中学の同級生に初恋をしました。その初恋の女性は今、妻として私の人生を支えてくれています。読者のみなさまのお役に立てる内容になっているかどうか、ともに何度も読み返し、執筆を支えてくれた妻に心より感謝し、筆を擱《お》くことにします。

最後までお読みいただき、ありがとうございました。

２０１９年12月

浅井　浩一

［著者］
浅井浩一（あさい・こういち）
マネジメントケアリスト

一般社団法人日本マネジメントケアリスト協会代表理事
1958年生まれ。大学卒業後、JT（日本たばこ産業）に就職。「勤務地域限定」の地方採用として入社。「どんなにがんばっても偉くなれない立場」から、キャリアをスタートさせる。日本一小さな工場勤務での、きめ細かなコミュニケーションを通じた働きぶりを買われ、本社勤務に。その後、営業経験がまったくない中で、全国最年少所長に抜擢され、リーダーとしての一歩を踏み出す。部下から強い反発を受けるも、「自分にできることを懸命にやり、困ったときは部下に頼り、正直に弱い部分をさらけ出す」リーダーの姿を示す。その姿勢に触発されて、お互いが協力し合ってチームの結束が徐々に高まり、業績もうなぎ上りに上昇する。職場再建のプロと称され、次々と任された組織を活性化させ、とうとう歴代最年少の支店長に大抜擢。31支店中25位より上位の成績をとったことがなく、閉塞感に陥っていた支店を2年連続で日本一に導く。
2001年より自らも現場でマネジメントを行いながら、公益財団法人日本生産性本部・経営アカデミーなどのビジネススクールで多くの企業幹部、管理職、リーダーを指導。全国で年間100回以上の研修や講演を行い、コンサルタントとしても現場に入り込む。「離職率を抑え、メンタルを病む人をゼロにし、なおかつ目標を達成し続ける」ために、リーダーとともに考え、行動し、悩みの解決を図る。業種・業態を問わず、職場再建率は100％。これまで指導してきたリーダーの数は１万人を超え、お互いを信頼し助け合える組織作りを信条とし、「意識と行動を変える超実践派」の第一人者として高い評価を得ている。著書に『はじめてリーダーになる君へ』（ダイヤモンド社）、『目標を「達成するリーダー」と「達成しないリーダー」の習慣』（明日香出版社）がある。

著者HP　http://www.ayayagakkou.com

１万人のリーダーが悩んでいること

2019年12月11日　第１刷発行
2020年１月10日　第２刷発行

著　者――浅井浩一
発行所――ダイヤモンド社
〒150-8409　東京都渋谷区神宮前6-12-17
http://www.diamond.co.jp/
電話／03･5778･7236（編集）　03･5778･7240（販売）
装丁――三森健太(JUNGLE)
本文デザイン・DTP――吉村朋子
編集協力――前田浩弥
校正――鷗来堂、加藤義廣(小柳商店)
製作進行――ダイヤモンド・グラフィック社
印刷――三松堂
製本――ブックアート
編集担当――中村明博

ISBN 978-4-478-10476-7

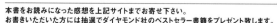